Thomas Thielemann

BIOFLEISCH

Rezepte für unverfälschten, puren Genuss

SEEHAMERKOCHBUCH

Inhalt

Bio-Fleisch –
purer Genuss!

Nur Fleisch aus ökologischer Haltung schmeckt wirklich gut – das gilt sowohl für Rind- und Kalb- als auch für Schweinefleisch. Bei uns in Herrmannsdorf werden grundsätzlich nur Kälber und Rinder geschlachtet, die von Höfen stammen, auf denen die Aufzucht nach kontrolliert ökologischen Gesichtspunkten betrieben wird. Nur so ist die ökologische Güte und Qualität des Fleisches garantiert. Besonders bei Schweinefleisch ist die Herkunft wichtig: Bei mir kommt nur Fleisch von Schweinen in die Küche, die hier in Herrmannsdorf artgerecht aufgezogen wurden.

Qualitäts-Fleisch einkaufen und richtig lagern

Achten Sie unbedingt auf gute Qualität und geben Sie Fleisch, das nach ökologischen Grundsätzen produziert wurde, den Vorrang! So können Sie sicher sein, dass es von natürlich gewachsenen und gefütterten Tieren stammt, die ohne künstliche Hilfsmittel aufgezogen wurden. Wichtig für die Fleischqualität ist auch, dass die Tiere keinen Stress bei Transport und Schlachtung erleiden. Auch wenn Sie dafür ein wenig mehr ausgeben müssen: Sie werden den Unterschied zu Fleisch aus Massentierhaltung schmecken und haben sogar im

praktischen Sinne mehr davon, denn bei stressfrei geschlachteten Tieren hält das Bindegewebe das im Fleisch enthaltene Wasser. Daher schrumpft dieses Fleisch bei der Zubereitung nicht in der Pfanne.

Frisches Fleisch sollte stets im Kühlschrank, in einem Porzellan- oder Glasgefäß mit Deckel, aufbewahrt werden. Nicht mit Alufolie abdecken! Das Fleisch hält sich ein bis zwei Tage bei einer Kühlschranktemperatur von fünf bis sechs Grad (ideal wäre allerdings eine Temperatur von einem Grad). Rindfleisch hält sich eventuell auch einen Tag länger. Innereien und Hackfleisch hingegen müssen unbedingt am Tag des Kaufs zubereitet werden, da beides leicht verdirbt. Bereits gegartes Fleisch hält sich im Kühlschrank zwei bis drei Tage.

Vor der Zubereitung sollte Fleisch übrigens mit Küchenpapier abgetupft werden, um kleinste Knochensplitter, Häutchen oder ausgetretenen Fleischsaft, der beim Lagern entsteht, zu entfernen.

Kalbfleisch – helles Fleisch, delikate Innereien und zarter Geschmack

In meiner Küche verarbeite ich am liebsten das Fleisch vom Milchkalb: Es ist unvergleichlich fein im Geschmack und hat ein sehr helles Fleisch. Milchkälber sind bei der Schlachtung etwa drei Monate alt und wurden beim Biobauern ausschließlich mit Muttermilch gefüttert. Durch diese Art der Mast ist das Fleisch besonders zart und von feinen Fettäderchen durchzogen, also leicht marmoriert. Das Fleisch von Kälbern, die bereits Gras gefressen haben, ist dagegen deutlich dunkler und hat einen kräftigeren Geschmack.

Kalbfleisch hat seinen Preis – es gehört zu den beliebtesten und besten Fleischsorten. Besonders geschätzt sind die Premiumstücke wie Kalbsfilet, Rücken oder Keule. Genau genommen hat das Kalb nur gute Stücke: Ebenfalls sehr fein schmeckt das Fleisch aus der Nuss und Oberschale, aus der Schulter (Kalbsschnitzel) oder Tafelspitz. Etwas deftiger im Aroma ist die Kalbshaxe, hier ist besonders die Vorderhaxe zu empfehlen. Auch Kalbsschwanz ist eine Delikatesse. Er ist kleiner als der Ochsenschwanz und hat einen deutlich geringeren Fleischanteil. Mein Tipp: Im Wurzelsud gekocht, ausgelöst und schließlich kurz in der Pfanne gebraten, ergibt er beispielsweise eine leckere Vorspeise.

Mein persönliches Lieblingsstück ist Kalbshals. Er hat eine wunderbare Marmorierung, die Zubereitung ist einfach und das Fleisch schmeckt köstlich! Leider weniger häufig verwendet, jedoch ebenfalls sehr empfehlenswert, ist Kalbskopf. Er schmeckt im Ganzen zubereitet oder portioniert. Sie finden in diesem Buch ein Rezept für die Zubereitung (Seite 22), das Sie unbedingt ausprobieren sollten.

Ganz besonders delikat, und daher von mir besonders gern zubereitet, sind Innereien vom Kalb: Kutteln, Leber, Lunge, Herz, Nieren und natürlich Bries, das ich außerordentlich schätze. Kalbsbries – die Wachstumsdrüsen (Thymusdrüsen) am Hals des Kalbes – ist für Feinschmecker ein besonderer Leckerbissen. Von ganz jungen Kälbern stammt übrigens das beste Bries, denn mit zunehmendem Alter der Tiere bildet es sich zurück.

Zartes Fleisch von jungen Kälbern muss nicht lange abhängen. Nur das Kotelett sollte zwischen einer und höchstens zwei Wochen alt sein, das hängt ganz vom Fettgehalt ab.

Das übrige Kalbfleisch, insbesondere die Stücke zum Kurzbraten, ist bereits nach wenigen Tagen reif und kann frisch, also bereits in der Schlachtwoche verarbeitet werden.

Weil das Fleisch junger Kälber nur einen geringen Fettanteil hat, ist das Entfernen von überschüssigem Fett in der Regel nicht nötig. Im Gegenteil: Es ist das beste Fett und hat einen besonders feinen Geschmack. Besonders bei Schnitzeln, Koteletts und Fleisch vom Kalbsrücken sollten Sie es sich zunutze machen und klein gewürfelt zum Anbraten verwenden.

Falls Ihr Metzger das noch nicht erledigt hat, müssen vor der Zubereitung lediglich Hautstücke, Sehnen oder Adern weggeschnitten werden. Beim Kauf von Innereien sollten Sie darauf achten, dass die Stücke bereits küchenfertig geputzt sind.

Kalbfleisch bedarf also keiner großen Vorbereitung. Große Bratenstücke ohne Knochen können eventuell mit Küchengarn umwickelt werden, damit sie in Form bleiben. Dabei können auch gleich ein paar frische Kräuterzweige mit dazu gesteckt werden. Sehr zartes Fleisch verträgt es gut, mit dünnen Scheiben von geräuchertem Speck bardiert (umhüllt) zu werden. Das verleiht dem Fleisch einen leicht rauchigen Geschmack und verhindert, dass es beim Braten austrocknet.

Kurzgebratenes vom Kalb gewinnt ebenfalls an Aroma, wenn ein paar Kräuter mit gebraten werden. Und noch ein Tipp: Kalbsleber sollten Sie immer am Stück kaufen und rosa braten, erst anschließend aufschneiden. Sollte ein großes Stück zu viel für Sie sein, ist es auf jeden Fall besser, eine dicke Scheibe als mehrere dünne zu braten. Die Leber bleibt auf diese Weise zart und saftig.

Kalbfleisch lässt sich auf vielfältige Art zubereiten. Je nach Stück eignet es sich zum Braten, Poelieren, Schmoren oder Kochen. Eine Liste der richtigen Fleischstücke für die jeweilige Zubereitungsart finden Sie im Anhang auf Seite 68.

Rindfleisch – in Ruhe gereift, langsam gegart, aromatisch im Geschmack

Drei Kriterien bestimmen die Qualität von Rindfleisch: Das richtige Futter, die Art der Aufzucht – und natürlich die Rasse. Die Bauern, von denen wir in Herrmannsdorf das Rindfleisch beziehen, lassen ihr Vieh noch natürlich aufwachsen und füttern es mit Getreide, Gras, Mais oder Ackerbohnen. Wachstumsbeschleuniger sind tabu! Schlachtreif sind die Tiere nach etwa dreieinhalb Jahren, die sie im Sommer auf der Weide, im Winter im Stall zugebracht haben. Das Fleisch dieser Ochsen (kastrierte Rinder) und Färsen (weibliche Rinder, die noch nicht gekalbt haben) ist von besonders guter Qualität. Es ist tiefrot, mit schönen Fettäderchen durchzogen und hat eine zarte Fleischfaser. Die Marmorierung ist ein Garant für die gute Qualität des Rindfleisches und sorgt dafür, dass es beim Garen zart und saftig bleibt. So kann es sein Aroma voll entfalten.

Auch bei der Zubereitung gilt die Devise: Gutes braucht seine Zeit! Langsam gegart entfaltet Rindfleisch seinen einzigartigen, vollen Geschmack. Das gilt in erster Linie beim Braten und Schmoren. Hierfür eignen sich vor allem Schulter- und Beinfleisch. Große Braten gelingen besonders gut, wenn sie langsam bei niedrigen Temperaturen gegart werden.

Nur bei Kurzgebratenem geht es schneller: Es ist je nach Dicke des Fleischstückes in wenigen Minuten gar. Dafür eigenen sich hauptsächlich das Filet, Stücke aus der Keule (Bavette), Hüfte und Flanke oder auch Hochrippe. Aber Achtung: Braten Sie das Fleisch nicht zu heiß und lassen Sie es unbedingt zwei bis drei Minuten ruhen, bevor es auf den (vorgewärmten) Teller kommt! So kann sich der Fleischsaft aus dem Innern wieder im ganzen Stück verteilen und läuft beim Anschneiden nicht aus. Kurz gebratenes Fleisch unbedingt erst nach dem Braten salzen.

Sehr empfehlenswert und besonders schonend ist das Garen über Dampf. Diese Zubereitungsmethode eignet sich vor allem für Rindfleisch aus der Hüfte. Dabei wird das Fleisch über einem Aroma-Sud in einem Sieb gegart und bekommt einen super Geschmack. Die richtigen Stücke vom Rind zum Schmoren, Braten, Kochen und Kurzbraten stehen in der Aufstellung im Anhang auf Seite 68.

Im Gegensatz zu Kalbfleisch muss Fleisch vom Rind vor der Zubereitung einige Zeit abhängen. Schlachtfrisches Rindfleisch wird beim Braten und Kurzbraten zäh, erst durch das Abhängen wird es mürbe und zart. Ausnahme: Rindfleisch, das zum Kochen und Schmoren verwendet wird – beispielsweise Tellerfleisch, Tafelspitz oder flache Schulter. Diese Stücke können bereits in der Schlachtwoche zubereitet werden. In Herrmannsdorf wird dieses Fleisch sogar bevorzugt direkt unmittelbar nach der Schlachtung, also längstens innerhalb von vier Stunden, verarbeitet.

Die Marmorierung des Fleisches, also sein Fettgehalt, bestimmt die Zeit, die es zum Reifen benötigt. Bei zartem Rinderfilet mit seiner feinen Fase-

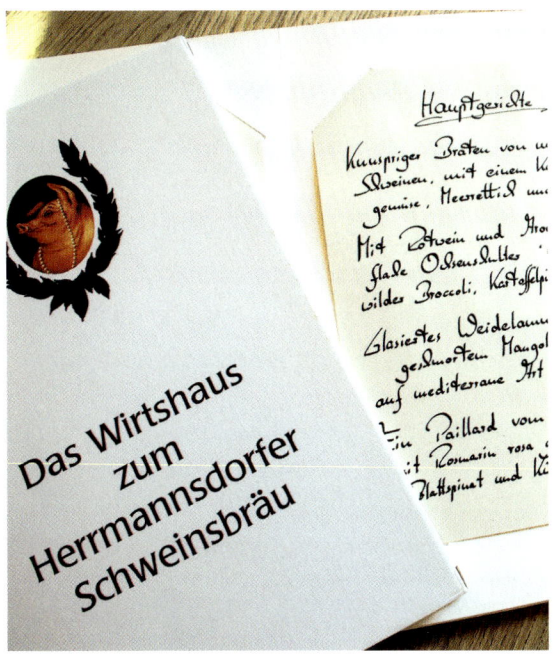

Schweinefleisch – wohlschmeckend, saftig, fein marmoriert

Schweinefleisch ist leider durch Mastskandale, Schweinepest, Hormone und falsche Fütterung in Verruf geraten. Zudem wurden Tiere mit immer weniger Fett gezüchtet, so dass der Geschmack schließlich auf der Strecke blieb.

In Herrmannsdorf ist das anders: Hier darf das Schwein noch Schwein sein! Die Tiere wachsen artgerecht auf, haben stets freien Auslauf, leben auf Stroh und haben eine Suhle. Täglich werden sie mit Bohnen und Erbsen, Getreide, Gras und Heu gefüttert – haben also alles, was ein Schwein zu einem glücklichen Schwein macht ... In Herrmannsdorf hat man sich für die einst vom Aussterben bedrohte Rasse Schwäbisch-Hällisches Landschwein entschieden, die wegen der Fleischqualität mit der Pietrain-Rasse gekreuzt wurde.

Unsere Schweine sind im Alter von etwa zehn Monaten schlachtreif und bringen ein Gewicht von mehr als 100 kg auf die Waage. Ganz anders noch unsere „WWW-Schweine" aus symbiotischer Landwirtschaft. Diese Tiere werden ganzjährig auf der Weide gehalten und ernähren sich durch natürliches Futter, das über und unter der Erde wächst: öl- und eiweißhaltige Pflanzen, Schnecken und Würmer. Das „WWW" leitet sich ab von Weide, Wühlen, Wurzeln. Diese Schweine wachsen langsamer, leben länger und werden reifer – bis zu einem Gewicht von 200 kg bei der Schlachtung. Marmorierung und Fettsäuremuster bei Fleisch von diesen Schweinen ist besonders gut. Es hat einen ganz besonderen Schweinefleisch-Geschmack, der heute fast in Vergessenheit geraten ist.

rung genügt eine Woche zum Abhängen, Lende benötigt zwei Wochen, Hohe Rippe und Côte de boeuf hingegen sollten drei bis fünf Wochen Zeit haben. Es ist übrigens besser, das Fleisch nicht vakuumverpackt zu lagern, sondern an der Luft reifen zu lassen. Je länger ein Fleischstück abhängt, desto dunkler färbt es sich. Fragen Sie bei Ihrem Metzger nach, wenn Sie genau wissen wollen, wie lange das Stück Ihrer Wahl gereift ist.

Rindfleisch wird fast immer bereits vom Metzger pariert verkauft. Es ist jedoch empfehlenswert, die Stücke vor der Zubereitung sorgfältig zurecht zu schneiden und festes Bindegewebe dabei zu entfernen. Bei Stücken, die geschmort werden sollen, kann es allerdings dran bleiben – es wird während des Schmorens weich und hält das Fleischstück in Form.

Gutes Schweinefleisch hat eine feine, wenn auch geringere Maserung als Rindfleisch, die für aromatischen Geschmack, Zartheit und Saftigkeit verantwortlich ist. Die Schwarte ist stramm und glatt, der Speck schneeweiß und kernig, die Fleischoberfläche von kräftig roter Farbe und trocken – ein untrügliches Zeichen dafür, dass die Tiere langsam und unter optimalen Bedingungen aufgewachsen sind. Im Gegensatz dazu ist das Fleisch von schnell gemästeten Schweinen aus der Massentierhaltung feucht und hat eine blasse Farbe.

Wenn die Qualität stimmt, ist Schweinefleisch eine Delikatesse. Man denke nur an knusprigen Braten, ein gutes Schnitzel oder saftiges Kesselfleisch! Ich mag besonders Schnitzel und Koteletts, etwa 2 cm dick geschnitten und leicht paniert. So bleibt beim Braten der Saft im Fleisch. Schweinekotelett kann natürlich auch wunderbar am Stück zubereitet werden – ein Rezept dafür finden Sie in diesem Buch auf Seite 50, ein Gedicht! Krustenbraten aus dem Bauchfleisch ziehe ich dem aus der Schulter vor, auch dazu finden Sie hier ein Rezept (Seite 53). Das allseits beliebte Filet hingegen finde ich persönlich eher belanglos, da sind mir andere Stücke von Schwein lieber.

Schweinefleisch sollte möglichst frisch verarbeitet werden, in den ersten drei bis fünf Tagen nach der Schlachtung ist sein Geschmack am besten. Nur Koteletts vertragen eine etwas längere Lagerzeit, sie halten etwa eine Woche.

Für Kesselfleisch hingegen eignet sich schlachtfrisches Fleisch am besten. Und dafür wird quasi alles verwendet: Wammerl, Kopf und Zunge, aber auch Zwerchfell, Herz und natürlich Schwanz und Schweinefüße. Eine Zusammenstellung der unterschiedlichen Fleischstücke vom Schwein und ihre jeweils beste Zubereitungsmöglichkeit finden Sie im Anhang auf Seite 69.

Lamm und Zicklein – delikates Fleisch von besonderem Charakter

Lammfleisch ist wegen seines charakteristischen Geschmacks nicht jedermanns Sache. Ich bereite es gern zu, allerdings nur von Tieren, die nicht älter als drei, maximal vier Monate sind. Haben sie diese Altersgrenze überschritten, bekommt das Fleisch eine festere Faser, die Farbe wird dunkler und es hat einen sehr eigenwilligen, kräftigen Geschmack. Je älter die Tiere, desto höher auch der Fettanteil im Fleisch. Und gerade dieses Fett ist es, was den typischen Geschmack prägt. Es muss in jedem Fall ausreichend erhitzt und heiß gegessen werden, da es einen hohen Schmelzpunkt hat und sonst schwer verdaulich ist. Andererseits ist das Fett auch wichtig, damit das Fleisch nicht austrocknet. Gutes Lammfleisch hat, ähnlich wie Rindfleisch, eine feine Fett-Marmorierung und eine deutlich sichtbare äußere Fettabdeckung.

Wenn Sie Lammfleisch kaufen, achten Sie unbedingt darauf, dass es von jungen Tieren stammt. Es ist besonders zart und hat einen feineren Geschmack. Milchlämmer wurden nur mit Muttermilch gefüttert und haben kaum Gras gefressen. Sie dürfen bei der Schlachtung maximal acht bis zehn Wochen alt sein. In der Regel wird das Fleisch vom Metzger pariert, wichtig ist jedoch, dass nicht zu viel Fett weg geschnitten wird. Eine zarte Fettschicht von etwa drei, vier Millimeter ist genau richtig. Sie sorgt dafür, dass das Fleisch saftig bleibt und brät beim Garen aus. Falls noch nicht vom Metzger vorbereitet, muss die zähe lederne Haut, die über dem Fett sitzt, mit einem scharfen Messer abgelöst werden.

Das Fleisch aus Hals und Schulter von jungen Lämmern kann bereits in der Schlachtwoche zubereitet werden, es ist weich und zart und muss nicht abhängen. Lediglich Keule und Rücken können länger als eine Woche lagern, Fleisch vom Milchlamm sollte hingegen ganz frisch verarbeitet werden.

Lammkotelett, entweder geschnitten und in der Pfanne gebraten oder als ganzer Strang im Ofen gegart, erfreut sich großer Beliebtheit. Meine Empfehlung: Keule und ganz besonders Schulter ergeben die besten Stücke für saftige Braten. Falls Sie ausgelöste Stücke zubereiten, sollten sie mit Küchengarn gebunden werden, damit sie in Form bleiben. Ausgelöste Schulter lässt sich auch gut füllen. Empfehlenswerte Innereien vom Lamm sind Leber und Kutteln. Welche Lammstücke wozu am besten geeignet sind, steht im Anhang auf Seite 69.

Generell verträgt Lamm eine kräftige Würzung und vorzugsweise mediterrane Aromen wie Thymian, Salbei, Rosmarin und Knoblauch. Das Fleisch harmoniert gut mit Gemüse, neben den klassischen Beilagen Bohnen und Kartoffeln passen beispielsweise auch Artischocken oder Fenchel gut dazu.

Zickleinfleisch lässt sich ähnlich wie Lamm zubereiten, die Garzeiten sind nur etwas kürzer. Zicklein enthält weniger Fett und ist cholesterinarm. Das Fleisch von Milchzicklein hat einen zarten Geschmack und eine hellrote Farbe. Fleisch von älteren Zicklein, die im Alter von acht bis neun Monaten geschlachtet werden, hat eine dunkelrote Farbe und ist kräftiger im Geschmack. Das Fleisch ausgewachsener Ziegen ist zäh und für den europäischen Geschmack nicht tauglich.

Auf den folgenden Seiten finden Sie eine Auswahl meiner Lieblingsrezepte für Fleisch von Kalb, Rind, Schwein, Lamm und Zicklein. Ich empfehle Ihnen, bei der Auswahl der Fleischstücke besonders sorgfältig zu sein und auf ökologisch produzierte Ware zu achten – dann kann nichts schief gehen und es wird Ihnen schmecken!

Noch eine Anmerkung zu den angegebenen Garzeiten und Backofentemperaturen: Da nicht jeder Backofen gleich ist, kann es zu Abweichungen kommen. Wenn Sie mit einem Bratenthermometer die Kerntemperatur kontrollieren: 59 °C ist für Rind und Lamm ein guter Richtwert, bei Schweinefleisch dürfen es 70 °C sein.

Thomas Thielemann

11

Meine Rezepte

Karree vom Kalb
mit mediterranen Kräutern

Rezept zum Foto auf dem Titel

1 Bund Minze (siehe Tipp)
1 Bund Salbei
1 Zweig Rosmarin
1 Zweig Thymian
4 junge Gemüsezwiebeln
1,2 kg Kalbskarree am Stück
frisch gemahlener Pfeffer
100 ml Olivenöl
Fleur de Sel

1 Minze und Salbei waschen, die Blätter von den Stielen zupfen und auf Küchenpapier abtropfen lassen. Rosmarinnadeln und Thymianblättchen von den Stielen streifen. Die Kräuter vermischen und mit einem Messer fein schneiden, nicht hacken. Die Zwiebeln schälen und halbieren.

2 Das Karree pfeffern, auf ein Blech setzen und mit der gesamten Menge Olivenöl einreiben. Die Zwiebeln daneben legen und im Öl wenden. Die Kräuter über das Karree verteilen und auf dem Fleisch verreiben.

3 Das Kalbskarree bei 180 °C im vorgeheizten Ofen 1 Stunde braten. Anschließend die Temperatur auf 140 °C reduzieren und das Fleisch in weiteren 20 bis 25 Minuten fertig garen, dabei 2- bis 3-mal mit dem Bratfett begießen. Das Kalbskarree ist rosa gebraten und fertig, wenn es eine Kerntemperatur von 59 °C erreicht hat.

4 Das Karree aus dem Ofen nehmen, mit Fleur de Sel salzen, in Koteletts schneiden und mit etwas Bratfett und den Zwiebeln auf einer vorgewärmten Platte anrichten und servieren.

Tipp Wenn möglich, wilde Minze verwenden!
Sehr fein, wenn am Schluss etwas abgeriebene Zitronenschale über das Fleisch gestreut wird.

14

Blankett vom Kalb

1 Das Fleisch in etwa 3 cm große Würfel schneiden. Die Zwiebel schälen und mit Lorbeer und Nelken spicken. In einem Topf 2 l Wasser zum Kochen bringen, Salz zufügen und das Fleisch einlegen. Alles aufkochen lassen, die aufsteigenden Trübstoffe abschäumen und langsam weiter köcheln lassen. Die gespickte Zwiebel und die Pimentkörner zufügen. Das Fleisch 1 bis 1 $\frac{1}{4}$ Stunden garen, es sollte am Schluss weich sein, wenn man mit einer Gabel hineinsticht. Nebenbei in einem Topf die Butter zerlassen, das Mehl zufügen, mit dem Schneebesen glatt rühren und beiseite stellen.

2 Das gegarte Fleisch mit der Schaumkelle aus dem Topf nehmen. $\frac{1}{2}$ l Kochsud durch ein feines Sieb zu der abgekühlten Butter-Mehl-Mischung gießen, mit dem Schneebesen glatt rühren und bei schwacher Hitze unter regelmäßigem Rühren 20 Minuten köcheln lassen. Den Wein angießen, die Sauce mit Salz und Pfeffer abschmecken und das Fleisch einlegen. Alles aufkochen lassen, das Fleisch wieder aus der Sauce nehmen und auf vorgewärmten Tellern verteilen.

3 Den Topf vom Herd ziehen. Das Eigelb mit dem Sauerrahm verrühren und in die Sauce geben. Alles mit dem Stabmixer kurz aufschäumen und die Sauce über dem Fleisch verteilen.

Tipp Sobald die Eigelb-Sauerrahm-Mischung eingerührt ist, darf die Sauce nicht mehr kochen!

Die Sauce kann am Schluss wunderbar mit gedünstetem Gemüse wie z.B. Erbsen, feinen Bohnen oder Blattspinat variiert werden.

600 g Kalbfleisch (Hals oder Schulter)

1 kleine Zwiebel

2 frische Lorbeerblätter

2 Gewürznelken

Salz

5 Pimentkörner

35 g Butter

35 g Mehl

50 ml trockener Weißwein

frisch gemahlener Pfeffer

1 Eigelb

100 g saure Sahne

Gehacktes vom Kalb
mit marinierten Champignons und Sellerie

100 g Champignons
80 ml bestes Olivenöl
Salz
100 g geschälte Sellerie-Knolle
500 g Kalbshüfte,
vom Metzger auf der Maschine
in 3 mm dicke
Scheiben geschnitten
frisch gemahlener Pfeffer
½ Knoblauchzehe, geschält
Saft von 1 Zitrone
Olivenöl zum Braten
4 Scheiben Baguette

1 Die Champignons mit einem Tuch abreiben, die Stiele entfernen und die Hüte in hauchdünne Scheibchen schneiden, das geht am besten mit einem Trüffelhobel. Die Pilzscheiben mit 2 EL Olivenöl beträufeln und leicht salzen. Den Sellerie erst in dünne Scheibchen und anschließend in feinste Streifen schneiden, dann ebenfalls mit 2 EL Olivenöl und Salz marinieren.

2 Die Fleischscheiben erst längs, dann quer in 3 mm feine Streifen schneiden, so dass feine Würfel entstehen. Diese mit einem großen Messer einmal durchhacken. Das Gehackte auf einem Teller mit dem restlichen Olivenöl übergießen, salzen und pfeffern. Die halbe Knoblauchzehe so fein wie möglich reiben und 1 Messerspitze Knoblauch unter das Gehackte mischen. Zum Schluss den Zitronensaft zufügen und alles locker vermengen.

3 In einer Pfanne etwas Olivenöl erhitzen und die Baguettescheiben darin knusprig braten. Das Brot auf Teller verteilen, mit den Tartar belegen, dekorativ mit den marinierten Champignonscheiben und Selleriestreifen bestreuen und servieren.

Tipp Ganz wichtig: Zitrone immer erst nach dem Öl über das rohe Fleisch geben. Es wird sonst durch die Eiweißgerinnung grau.

Wer das Fleisch lieber angebraten mag, probiert diese Variante: Das gewürzte Hackfleisch zu einem etwa 1 ½ cm dicken Fladen formen. Diesen in einer Pfanne in Olivenöl auf jeder Seite etwa 1 Minute scharf anbraten, der Hackfleischfladen hat dann innen noch einen rohen Kern. Schmeckt gut mit Natursauerteig-Brot, gehobeltem Parmesan und schwarzen Oliven.

Gekochter Kalbsschwanz in Gelee

1 ganzer Kalbsschwanz, vom
Metzger bereits
in Segmente zerteilt
Salz · 1 Karotte
¼ kleine Sellerieknolle
1 kleine Lauchstange
6 Pimentkörner
2 frische Lorbeerblätter
1 Chilischote
1 kleines Bund glatte Petersilie
frisch gemahlene Muskatnuss
frisch gemahlener Pfeffer

Für die Vinaigrette:
4 Stangen Staudensellerie
2 Roma-Tomaten
(siehe Tipp Seite 34)
1 Schalotte
6 kleine feste Champignons
4 EL Rapsöl
4 EL Walnussöl
½ TL Dijonsenf
3 EL Apfelessig
Salz
frisch gemahlener Pfeffer
¾ TL Zucker
1 Bund Kerbel

1 Die Kalbsschwanz-Stücke mit kaltem Wasser abspülen und in einem Topf mit etwa 2 l Wasser und etwas Salz langsam zum Kochen bringen. Alles bei schwacher Hitze köcheln lassen, dabei die Trübstoffe regelmäßig abschöpfen. Inzwischen Karotte und Sellerie schälen und in Stücke schneiden. Den Lauch längs halbieren, gründlich waschen und quer vierteln.

2 Nach etwa 1 Stunde Pimentkörner, Lorbeerblätter, die Chilischote sowie Karotten- und Selleriestücke mit in den Topf geben und alles 30 Minuten weiter köcheln lassen. Dann den Lauch zufügen und mitkochen, bis das Gemüse gar ist.

3 Das Gemüse aus dem Topf nehmen, abkühlen lassen und sehr fein würfeln. Das Fleisch weiter garen, bis es ganz weich ist und sich leicht vom Knorpel lösen lässt, das dauert insgesamt etwa 2 Stunden. Das Fleisch aus der Brühe nehmen, auskühlen lassen und die Brühe durch ein Tuch passieren.

4 Die Petersilie waschen, trockenschleudern, die Blätter von den Stängeln zupfen und fein hacken. Das Fleisch von den Knorpeln lösen, würfeln und mit dem Gemüse vermengen. Die Masse mit Muskat und Pfeffer würzen und die Petersilie untermischen.

5 Kleine Tassen oder Timbale-Förmchen von etwa 6 cm Durchmesser blasenfrei mit Klarsichtfolie auskleiden (siehe Tipp). Fleisch und Gemüse etwa bis zu ⅔ der Höhe einfüllen und mit der Kalbsbrühe auffüllen. Die Förmchen für mindestens 24 Stunden zum Erstarren in den Kühlschrank stellen.

6 Für die Vinaigrette den Staudensellerie in Richtung Strunk schälen, die Stangen längs vierteln und quer in ½ cm breite Streifen schneiden. Die Tomaten kurz überbrühen, häuten und vierteln, dann Stielansatz und Kerne entfernen. Das Fruchtfleisch quer in 1 cm breite Streifen schneiden. Die Schalotte schälen und fein würfeln. Die Champignons mit einem Tuch abreiben. In einer Schüssel mit dem Schneebesen beide Ölsorten mit dem Senf verrühren, dann Essig, Salz, Pfeffer und Zucker untermischen. Sellerie, Schalottenwürfel und Tomaten mit einem Löffel unterheben und alles ½ Stunde ziehen lassen. Inzwischen den Kerbel waschen, abtropfen lassen, die Blätter von den Stielen zupfen und fein schneiden. Zum Schluss die Pilze fein über die Vinaigrette hobeln und zusammen mit dem Kerbel untermischen.

7 Zum Servieren die Sülzen auf Teller stürzen, die Förmchen mitsamt der Folie entfernen und die Kalbsschwanz-Sülzen mit der Vinaigrette umgießen.

Tipp Die Klarsichtfolie vor der Verwendung unter kaltes Wasser halten, ausdrücken und die Folie mit einem trockenen Tuch in die Förmchen drücken.

Zum Kalbsschwanz-Gelee schmecken Bratkartoffeln besonders gut. Die Vinaigrette passt auch gut zu gedämpftem und kurz gebratenem Fleisch.

Kalbs-Medaillons,
mit Aromaten gedämpft

1 Die Medaillons leicht pfeffern. In einen Topf mit Dämpfeinsatz etwa 3 cm hoch Wasser einfüllen und mit Knoblauch, Chili, Piment, Lorbeer, Pfefferkörnern und 1 Zweig Thymian zum Kochen bringen, dann 1 TL Salz zufügen.
2 Die Medaillons nebeneinander auf den Dämpfeinsatz setzen (siehe Tipp), jeweils einen Thymianzweig auflegen und den Einsatz über den kochenden Aromadampf setzen. Einen Deckel auflegen und das Fleisch in 2 bis 3 Minuten, je nach Stärke, rosa dämpfen. Herausnehmen, die Medaillons mit Fleur de Sel würzen und servieren.

Tipp Lassen Sie sich die Medaillons vom Metzger gleichmäßig zuschneiden. Nehmen Sie Fleisch von Hüfte oder Maiserl, notfalls Filet.

Auf dem Dämpfeinsatz immer genügend Platz lassen, damit der Dampf zirkulieren kann, nie die ganze Fläche belegen! Sollte der Dämpfeinsatz nicht groß genug sein, die Medaillons portionsweise garen.

Ein leichtes sommerliches Essen, zum Beispiel mit gedünstetem Romana-Salat.

8 Kalbsmedaillons,
je 60 bis 70 g (siehe Tipp)
frisch gemahlener Pfeffer
1 Knoblauchzehe
1 Chilischote
5 Pimentkörner
2 frische Lorbeerblätter
10 schwarze Pfefferkörner
1 Bund Thymian
Salz
Fleur de Sel

Geschmorte Kalbskutteln mit Lauch

1 kleine Zwiebel
2 frische Lorbeerblätter
5 Gewürznelken
Salz
1 kg geputzte Kalbskutteln
(beim Metzger vorbestellen)
1 Schalotte
1 Stange Lauch
2 EL Butter
1 EL Mehl
100 ml Weißwein
100 ml Sahne
50 ml Schaumwein (Prosecco,
Sekt oder Champagner)

1 Die Zwiebel schälen und mit 1 Lorbeerblatt sowie den Nelken spicken. In einem großen Topf reichlich Wasser, etwas Salz und die Kutteln zum Kochen bringen. Die gespickte Zwiebel zufügen und die Kutteln unter regelmäßigem Abschäumen etwa 1 Stunde bei geringer Hitze köcheln lassen.

2 Die Kutteln aus dem Sud nehmen, abkühlen lassen und von eventuell vorhandenen Fasern und Häuten befreien. Die Kutteln erst in 5 cm breite Stücke, dann quer in 4 mm breite Streifen schneiden. Die Schalotte schälen und fein würfeln. Den Lauch der Länge nach halbieren, gründlich waschen und quer in etwa 1 cm breite Streifen schneiden.

3 In einem flachen Topf die Butter zerlassen und die Schalottenwürfel darin glasig andünsten. Die Kutteln zufügen und etwa 5 Minuten bei milder Hitze garen, dabei mit einem Holzlöffel umrühren. Anschließend das Mehl darüber stäuben, kurz anschwitzen und alles mit Weißwein und etwa 3/4 l Kochsud auffüllen. Das zweite Lorbeerblatt zufügen und die Kutteln in weiterer 45 bis 60 Minuten langsam gar kochen. Am Schluss sollen die Kutteln ganz weich sein und dürfen keine gummiartige Konsistenz haben!

4 Die Kutteln mit einer Schaumkelle aus dem Topf nehmen und in vorgewärmte tiefe Teller verteilen. Die Sahne und den vorbereiteten Lauch in den Sud geben und alles noch 3 bis 4 Minuten kochen lassen. Anschließend den Schaumwein zufügen und mit dem Pürierstab vorsichtig am Rand des Topfes aufschäumen, so dass der Lauch noch ganz bleibt. Die Sauce über die Kutteln geben und servieren.

Tipp Gut dazu: Salzkartoffeln, am besten von einer richtig mehligen Kartoffelsorte. Aber auch einfach nur frisches Baguette passt hervorragend.

Variante: Die Kutteln nach dem Schneiden (Stepp 2) in Mehl wenden und in Olivenöl kross braten. Über einen knackigen Kräutersalat gestreut ein schönes Sommergericht!

Kalbskopf mit Grünkern aus dem Sud

1 Zwiebel
1 frisches Lorbeerblatt
3 Gewürznelken
1 Kalbskopf, entbeint (Maske)
von etwa 400 g, geputzt
Salz
5 Pimentkörner

Außerdem:
1 Schalotte
1 EL Butter
150 g Grünkern (ungeschrotet)
½ l Apfelsaft
1 frisches Lorbeerblatt
1 Chilischote
Salz
2 Stangen Staudensellerie
1 Bund Petersilie
frisch gemahlener Pfeffer
frisch geriebene Muskatnuss
2 EL kalte Butter

1 Die Zwiebel schälen, mit dem Lorbeerblatt und den Nelken spicken. Den Kalbskopf mit reichlich kaltem Wasser, der gespickten Zwiebel und Salz aufsetzen und langsam zum Kochen bringen. Die Pimentkörner zufügen und den Kalbskopf in 2 bis 2 ½ Stunden weich garen.

2 Inzwischen die Schalotte schälen und fein würfeln. In einem passenden Topf die Butter erhitzen und die Schalottenwürfel darin hell anschwitzen. Grünkern zufügen und etwa ½ Minute bei milder Temperatur mit anschwitzen. Mit dem Apfelsaft auffüllen, Lorbeer und Chilischote zufügen und alles aufkochen lassen. Dann salzen, einen Deckel auflegen, die Temperatur reduzieren und den Grünkern etwa 45 Minuten ausquellen lassen, bis er ganz weich ist. Währenddessen den Staudensellerie von oben nach unten schälen, die zarten Blätter fein schneiden und beiseite legen, die Stangen in etwa 1 cm große Würfel schneiden. Die Petersilie waschen, von den Stielen befreien, abtropfen lassen und die Blättchen fein schneiden.

3 Den Kalbskopf aus dem Topf nehmen und abkühlen lassen, den Sud aufbewahren. Anschließend den gekochten Kalbskopf von allen Häuten und eventuell vorhandenen Gaumenlamellen befreien und das Fleisch in etwa 5 cm lange und 1 cm breite Streifen schneiden.

4 Den Grünkern in einen großen flachen Topf oder eine Pfanne umfüllen, ¼ l des Kalbskopf-Kochsuds angießen, die Staudensellerie-Würfel zufügen und alles aufkochen lassen. Den geschnittenen Kalbskopf zum Grünkern geben und alles mit Salz, Pfeffer und Muskat abschmecken. Die kalte Butter einrühren, den Kalbskopf mit Petersilie und Selleriegrün bestreuen und im Topf servieren.

Tipp Eine schöne trockene Riesling-Spätlese aus aktuellem Jahrgang dazu ... ein Gedicht!

Gekochter Kalbskopf schmeckt auch – in Scheiben geschnitten, paniert und in Fett ausgebacken – sehr lecker.

Marinierte Kalbsrücken-Scheiben
mit Kräuter-Vinaigrette

1 Zuerst die Vinaigrette herstellen: Dafür die Kräuter waschen, abtropfen lassen und fein schneiden. Die Sardellenfilets schneiden und mit dem Messerrücken zerdrücken. Die getrockneten Tomaten sehr fein würfeln. In einer Pfanne bei mittlerer Hitze etwas Olivenöl erhitzen und die Eiweiße darin (wie Spiegeleier) braten. Herausnehmen, abkühlen lassen und das gebratene Eiweiß in etwa $1/2$ cm große Würfel schneiden.

2 Aus dem restlichen Olivenöl, Zitronensaft, Sardellen, getrockneten Tomaten, Salz, Pfeffer und Zucker eine Vinaigrette rühren, die Kräuter untermischen und zum Schluss das gewürfelte Eiweiß unterheben.

3 Das Fleisch in etwa 1 cm dicke Scheiben schneiden. In einer Pfanne etwas Olivenöl erhitzen und die Kalbsrückenscheiben darin bei hoher Temperatur von beiden Seiten kurz braten, so dass das Fleisch noch einen rosa Kern hat. Aus der Pfanne nehmen, die Rückensteaks auf Küchenpapier kurz abtropfen lassen, dann auf vorgewärmten Tellern anrichten. Die Kalbsrückenscheiben mit Salz und Pfeffer würzen und die Vinaigrette darüber verteilen.

Tipp Man kann auch Kalbs- oder Schweinebraten vom Vortag dünn aufschneiden und mit der Vinaigrette als kalte Vorspeise servieren.

Für die Vinaigrette:

1 Bund Petersilie

1 Bund Basilikum

2 Sardellenfilets

2 getrocknete Tomaten

100 ml bestes Olivenöl

2 Eiweiße

Saft von 2 Zitronen

Salz

frisch gemahlener Pfeffer

1 Prise Zucker

Außerdem:

600 g Kalbsrücken, pariert

Olivenöl zum Braten

Salz

frisch gemahlener Pfeffer

Gekochte Kalbshaxe im Aromasud

1 vordere Kalbshaxe,
etwa 1 $\frac{1}{2}$ kg
(vom Milchkalb 2 Haxen)
Salz
2 Karotten
$\frac{1}{2}$ kleine Knolle Sellerie
2 geschälte Tomaten aus
dem Glas (siehe Tipp)
3 frische Lorbeerblätter
1 TL Pimentkörner
1 Chilischote
1 TL schwarze Pfefferkörner
1 Bund Schnittlauch
2 EL kalte Butter

1 Die Kalbshaxe in einem großen Topf mit 4 bis 5 l Wasser und etwas Salz langsam zum Kochen bringen. Bei mittlerer Hitze leicht köcheln lassen, dabei die Brühe mehrmals abschäumen. Einen Deckel auflegen und die Kalbshaxe in 1 $\frac{1}{2}$ bis 2 $\frac{1}{2}$ Stunden gar kochen. Die Garzeit richtet sich dabei nach der Größe der Haxe (siehe Tipp).

2 Inzwischen die Karotten und den Sellerie schälen und zusammen mit den Tomaten, Lorbeer, Piment, Chili und Pfeffer nach etwa 1 Stunde in die Brühe geben. Den Schnittlauch waschen, trockenschütteln, in Röllchen schneiden und beiseite legen.

3 Die fertige Haxe aus dem Topf nehmen und das Fleisch von den Knochen lösen, dabei eventuell vorhandene Häutchen entfernen. Anschließend das Fleisch mit der Faser längs in Stücke schneiden. Karotten und Sellerie aus der Brühe nehmen und würfeln. Fleisch und Gemüse mittig auf vorgewärmten Tellern anrichten. Etwa 150 ml Kochsud in ein hohes Gefäß geben und zusammen mit der kalten Butter mit dem Stabmixer aufschäumen. Die Sauce über das Fleisch gießen und alles mit Schnittlauch garniert servieren.

Tipp Das Fleisch ist gar, wenn es sich mit einer Rouladennadel leicht einstechen und gut vom Knochen lösen lässt.

Statt der geschälten Tomaten aus dem Glas können auch vollreife frische, gehäutete Tomaten verwendet werden. Tomaten aus dem Glas haben allerdings meist mehr Aroma.

Das Knochenmark mit einem Löffelstiel aus den Knochen entfernen und über dem Gericht verteilen. Das gibt ein sehr feines Kalbsaroma.

Statt der Buttersauce passt auch hervorragend ein Kräuterpesto dazu.

Kurz gebratene Kalbfleisch-Rouladen

100 g zarter junger Spinat
150 g Egerlinge
1 Schalotte
4 EL Olivenöl
Salz
frisch gemahlener Pfeffer
4 Kalbsschnitzel aus der
Lende oder Oberschale,
vom Metzger gleichmäßig
plattieren lassen
1 EL Semmelbrösel
50 g frisch geriebener
Parmesan
1 unbehandelte Zitrone
Fleur de Sel

1 Den Spinat waschen, von den Stielen befreien und auf Küchenpapier abtropfen lassen. Die Pilze mit einem trockenen Tuch abreiben und in feine Scheibchen schneiden. Die Schalotte schälen und fein würfeln. In einer Pfanne 2 EL Olivenöl erhitzen, Schalottenwürfel und Egerlinge darin andünsten, salzen und pfeffern.

2 Die Schnitzel nebeneinander auf der Arbeitsfläche ausbreiten, pfeffern und mit der Hälfte der Semmelbrösel bestreuen. Zuerst die Spinatblätter gleichmäßig darauf verteilen, dann die Pilze. Anschließend den Parmesan darüber streuen, dann die restlichen Semmelbrösel. Alles noch einmal pfeffern und zum Schluss Zitronenschale darüber reiben.

3 Die Rouladen fest aufrollen und mit Rouladennadeln über Kreuz fixieren. In einer ofenfesten Pfanne das restliche Olivenöl erhitzen und die Rouladen darin erst ringsum scharf anbraten, dann bei 180 °C im vorgeheizten Ofen in etwa 5 Minuten rosa braten. Das Fleisch aus dem Ofen nehmen und kurz ruhen lassen. Zum Servieren die Rouladen schräg aufschneiden, auf vorgewärmten Tellern anrichten, mit etwas Bratensatz beträufeln und leicht mit Fleur de Sel salzen.

Tipp Knusprig gebratene Kartoffeln und kurz gedünstetes oder gebratenes Gemüse passen sehr gut dazu.

Marinierte Kalbshuft-Scheiben, lauwarm gegrillt

1 Den Estragon waschen, die Blättchen von den Stielen zupfen und fein schneiden. Vier große vorgewärmte Teller dünn mit Olivenöl einpinseln. Die Fleischscheiben dicht aneinander – nicht übereinander! – auflegen. In einem Schälchen das Senfpulver mit dem Weißwein verrühren und das Kalbfleisch mit einem Pinsel damit dünn einstreichen. Anschließend das Fleisch dünn mit Olivenöl bepinseln und mit Pfeffer würzen.
2 Die Teller unter den vorgeheizten Backofengrill stellen und das Fleisch in etwa 2 Minuten lauwarm-glasig grillen. Die Teller aus dem Ofen nehmen, das Fleisch mit Fleur de Sel würzen und mit Estragon bestreut servieren.

Tipp Pecorino oder Parmesan darüber gehobelt, gibt eine mediterrane Note. Knusprig gebratene Kartoffelscheiben sind eine leckere Ergänzung.

1 Bund Estragon
50 ml Olivenöl
500 g Kalbfleisch aus der Hüfte, vom Metzger mit der Maschine in 3 mm dünne Scheiben geschnitten
1 TL Senfpulver
2 EL trockener Weißwein
frisch gemahlener Pfeffer
Fleur de Sel

Kalbsbries in Weißwein

1 Schalotte schälen und in feine Scheiben schneiden. Den Weißwein mit 1 l Wasser, den Schalottenscheiben, Piment, Lorbeer und Salz aufkochen.
2 Vom Kalbsbries mit einem scharfen Messer vorsichtig alle Häutchen entfernen, eventuell vorhandene Blutgerinsel ebenfalls. Das geputzte Bries in den kochenden Sud einlegen und bei mittlerer Hitze etwa 5 Minuten köcheln lassen, kleine Stücke benötigen weniger Zeit. Den Topf vom Herd ziehen, das Bries herausnehmen und so lange beiseite legen, bis der Fond lauwarm abgekühlt ist. Danach das Bries wieder einlegen und im Sud vollständig abkühlen lassen.

Tipp Das Bries in 2 cm dicke Scheiben schneiden, pfeffern, leicht mit Mehl bestäuben und in Butter von beiden Seiten goldgelb braten.
    Eine andere Möglichkeit der Zubereitung: Bries in Segmente zupfen und mit dem Fond eine helle Sauce kochen – siehe Blankett vom Kalb, Seite 15.

1 Schalotte
150 ml trockener Weißwein
5 Pimentkörner
2 frische Lorbeerblätter
1 TL Salz
700 g Kalbsbries (schöne Herzstücke, beim Metzger vorbestellen)

Pavé von der Milchkalbsleber

1 Bund Salbei
2 EL Olivenöl
2 EL Butter
700 g Milchkalbsleber,
enthäutet und in
2 dicke Scheiben geschnitten
5 cl roter Portwein
50 ml Kalbsfond
(Fond de veau, siehe
Seite 64)
1 EL kalte Butter
Fleur de Sel
frisch gemahlener Pfeffer

1 Den Salbei waschen, die Blätter von den Stängeln streifen und auf Küchenpapier trocknen lassen. In einer ofenfesten Pfanne das Olivenöl mit der Butter erhitzen und die Leberscheiben darin bei milder Temperatur auf einer Seite anbraten, wenden und bei 160 °C im vorgeheizten Ofen in etwa 10 Minuten rosa braten (siehe Tipp). Anschließend die Leber auf einem vorgewärmten Teller mit locker aufgelegter Alufolie warm halten.

2 Die Pfanne wieder auf den Herd stellen und die Salbeiblätter im verbliebenen Bratfett knusprig braten. Anschließend herausnehmen und den Salbei auf Küchenpapier gut abtropfen lassen.

3 Das Bratfett aus der Pfanne abgießen und den Bratensatz mit Portwein lösen, dann den Kalbsfond angießen. Alles kurz aufkochen lassen, etwas reduzieren und die kalte Butter unterrühren.

4 Die Leber leicht schräg in etwa 1 cm dicke Scheiben schneiden, mit Fleur de Sel und Pfeffer würzen und mit dem Salbei und der Sauce auf vorgewärmten Tellern anrichten.

Tipp Wenn Sie die Leber mit einem Bratenthermometer kontrollieren, sollte die Kerntemperatur 65 °C betragen.

Als Beilage empfehle ich Blattsalate oder gedünstete Kohlrabi. Geröstete Artischocken schmecken ebenfalls ganz hervorragend dazu!

Gut dazu passt auch ein frisch zubereitetes Apfelmus! Dafür 500 g Winteräpfel mit der Schale vierteln, entkernen und in grobe Stücke schneiden. Mit 120 g Zucker und dem Saft einer ½ Zitrone mischen und alles in einem Topf zugedeckt bei milder Hitze 10 bis 12 Minuten im eigenen Saft dämpfen. Die Äpfel durch die „Flotte Lotte" passieren und zur Leber servieren.

Rinderlenden-Scheiben, in Brühe serviert

1 l kräftige (!)
Rinderbrühe (siehe Seite 65)
1 kleines Stück frischer Ingwer
1 Stängel Zitronengras
2 EL Sojasauce
8 kleine Frühlingszwiebeln
4 kleine feste
Champignonköpfe
1 Bund Schnittlauch
8 Scheiben Rinderlende,
vom Metzger auf der Maschine
2 mm dünn aufgeschnitten
(siehe Tipp)

1 Die Fleischbrühe aufkochen. Ingwer mit Schale in Scheibchen schneiden, vom Zitronengras 2 Blätter ablösen. Beides zusammen mit der Sojasauce zur Brühe geben und alles bei geringer Hitze etwa 15 Minuten ziehen lassen.
2 Inzwischen große Suppen- oder Pastateller vorwärmen. Die Frühlingszwiebeln putzen, die äußere Haut abziehen und die Zwiebeln in feine Scheiben schneiden. Die Champignons mit einem trockenen Tuch abreiben und fein hobeln. Den Schnittlauch waschen, abtropfen lassen und fein schneiden. Ein Stückchen Zitronengras sehr fein schneiden.
3 Die Brühe durch ein Sieb passieren und erneut aufkochen. Die Rinderlenden-Scheiben in die vorgewärmten Teller legen und nicht zu üppig mit Zwiebeln, Pilzen, Schnittlauch und Zitronengras bestreuen. Am Tisch die kochende Brühe über die Fleischscheiben gießen.

Tipp Achten Sie unbedingt darauf, dass die Rinderlende komplett frei von Sehnen ist!
   Statt Schnittlauch passen auch fein geschnittene Korianderblätter.

Angebratenes Rinder-Tartar

500 g Rinder-Tartar,
vom Metzger durch die
feine Scheibe des Fleischwolfs
gedreht (siehe Tipp)
2 Eier
1 TL Dijon-Senf
Salz
frisch gemahlener Pfeffer
1 Sardellenfilet
Olivenöl zum Braten

1 Das Rinder-Tartar in einer flachen Schüssel mit Eiern, Senf, Salz und Pfeffer vermischen. Das Sardellenfilet mit einem Messerrücken zerdrücken, zufügen und alles mit einer Gabel durch Hin-und-her-Schlagen gleichmäßig vermengen. Aus dem Fleischteig mit den Händen kleine, etwa 2 cm hohe, gleich große Pflanzerl formen.
2 In einer Pfanne etwas Olivenöl erhitzen und die Pflanzerl darin von beiden Seiten etwa 1 Minute scharf anbraten, mit Pfeffer nachwürzen und servieren.

Tipp Wer sein Tartar selbst durchdrehen möchte, kauft dafür Fleisch aus der Rinderhüfte. Achten Sie darauf, dass es frei von Sehnen und Häutchen ist.
   Das Tartar sollte vor dem Braten unbedingt Raumtemperatur haben. Angebratenes Tartar schmeckt hervorragend mit lauwarmem rohem Spinat.

Rindfleischsalat
mit Sellerie und Karotten

1 Die Sellerieknolle waschen, die Karotte schälen und beides in einem Topf mit Wasser, Salz, Lorbeer und einem Spritzer Apfelessig in 30 bis 35 Minuten weich kochen.

2 In der Zwischenzeit den Staudensellerie schälen, schräg in 3 mm dicke Scheiben schneiden, das Selleriegrün beiseite legen. Die Schalotten schälen und fein würfeln. Das Rindfleisch dünn aufschneiden und in eine Schüssel legen.

3 Das weich gekochte Gemüse aus dem Topf nehmen und abkühlen lassen. Den Knollensellerie dünn schälen. Karotte und Sellerie in feine Scheiben schneiden. Rapsöl, Apfelessig und heiße Rinderbrühe zusammen mit Salz, Pfeffer und Zucker zu einer Vinaigrette verrühren.

4 Das geschnittene Gemüse und die Schalottenwürfel über dem Fleisch verteilen, mit der warmen Vinaigrette übergießen und alles 1 Stunde ziehen lassen. Vor den Servieren eventuell mit Salz und Pfeffer abschmecken und die abgezupften Sellerieblättchen unter den Salat mischen.

Tipp Für dieses Rezept kann zum Beispiel Fleisch von der gekochten flachen Schulter (Rezept Seite 32) verwendet werden. Langfaserige Fleischstücke, wie beispielsweise Kronfleisch oder flache Rippe, sind ungeeignet!

½ Knolle Sellerie
1 Karotte
Salz
1 Lorbeerblatt
50 ml Apfelessig
4 Stangen Staudensellerie
2 Schalotten
**500 g gekochtes Rindfleisch
(Schulter, Wade, Brust oder
Tafelspitz, siehe Tipp)**
100 ml Rapsöl
50 ml heiße Rinderbrühe
frisch gemahlener Pfeffer
1 TL Zucker

Gekochte flache Schulter
mit Steckrüben und Parmesan

Salz

1,2 kg flache Ochsenschulter (Spitze)

1 kleine Steckrübe von 300–400 g

2 frische Lorbeerblätter

1 TL Pimentkörner

1 TL schwarze Pfefferkörner

3 Zweige Thymian

100 ml Olivenöl

Fleur de Sel

frisch gemahlener Pfeffer

150 g Parmesan am Stück

1 In einem großen Topf reichlich Salzwasser aufkochen. Das Fleisch einlegen, alles erneut aufkochen lassen und die Trübstoffe abschäumen. Die Temperatur reduzieren und die Ochsenschulter langsam in 2 bis 2 1/2 Stunden weich köcheln lassen.

2 Inzwischen die Steckrübe waschen, schälen und vierteln. Nach 1 Stunde Garzeit die Rübenviertel zusammen mit Lorbeer, Piment- und Pfefferkörnern in den Topf geben. Nach 2 Stunden kontrollieren, ob die Schulter weich ist: Wenn sie sich leicht einstechen lässt, ist sie fertig. Wenn nicht, ist die innen liegende Kollagen-Sehne noch hart und zäh und die Garzeit muss noch etwas verlängert werden.

3 Von den Thymianzweigen die Blättchen abzupfen und beiseite legen. Sobald das Fleisch fertig gegart ist, herausnehmen und beiseite stellen. Die Steckrübenviertel in etwa 1 cm dicke Stücke schneiden. Das Olivenöl mit den Thymianblättchen erwärmen.

4 Zum Servieren das Fleisch in 1/2 cm dicke Scheiben schneiden, zusammen mit den Steckrüben auf Tellern anrichten und mit Fleur de Sel und Pfeffer würzen. Die Ochsenschulter mit dem Thymianöl beträufeln und den Parmesan in feinen Spänen darüber hobeln.

Tipp Besonders lecker: Geröstete Weißbrotwürfel warm darüber streuen.

Das gekochte Fleisch kann auch für einen Rindfleischsalat verwendet werden, siehe Seite 31.

Feines Kräutergeschnetzeltes von der Rinderhüfte

2 reife Roma-Tomaten
(siehe Tipp)
½ Gartengurke
1 Bund Basilikum
1 Bund Petersilie
2 Schalotten
Olivenöl zum Braten
600 g Rindfleisch aus
der Hüfte,
fein geschnetzelt
frisch gemahlener Pfeffer
Fleur de Sel
100 g saure Sahne

1 Die Tomaten mit kochendem Wasser kurz überbrühen, in kaltem Wasser abschrecken und häuten, vierteln und die Kerne entfernen. Das Fruchtfleisch in 1 cm große Würfel schneiden. Die Gurke schälen, längs halbieren und mit einem Löffel die Kerne entfernen. Anschließend die Hälften längs vierteln und die Viertel quer in 1 cm lange Stücke schneiden. Die Kräuter waschen, die Blättchen von den Stielen zupfen und fein schneiden. Die Schalotten schälen und fein würfeln.

2 In einer großen Pfanne etwas Olivenöl erhitzen und das Geschnetzelte darin scharf anbraten (siehe Tipp). Die Schalottenwürfel zufügen und kurz mitbraten. Das Fleisch mit Pfeffer und Fleur de Sel würzen. Die Gurken- und Tomatenstückchen zusammen mit den Kräutern darüber streuen und kurz unterschwenken. Das Geschnetzelte auf vorgewärmten Tellern anrichten und mit etwas Sauerrahm überziehen.

Tipp Roma-Tomaten (klassische italienische Eiertomaten) eignen sich besonders gut zum Kochen, weil sie im vollreifen Zustand festes Fruchtfleisch, wenig Kerne und ein fruchtiges Aroma haben. Alternativ empfehle ich vollreife runde Tomaten aus Süditalien oder Frankreich, im September auch die guten deutschen Tomaten.

Das Fleisch in der Pfanne in zwei Portionen anbraten. Das verhindert Hitzeverlust der Pfanne und dadurch ein „Köcheln" des Fleisches.

Flache Ochsenrippe mit Perlzwiebeln

1 In einem großen Topf reichlich Salzwasser zum Kochen bringen und das Fleisch einlegen. Alles erneut aufkochen lassen, mehrfach abschäumen und das Fleisch in mindestens 2 Stunden weich kochen. Nach 1 Stunde den ganzen Kümmel sowie 1 Lorbeerblatt zufügen. Wenn das Fleisch gar ist, den Topf vom Herd nehmen und das Fleisch im Sud ruhen lassen.

2 Inzwischen die Perlzwiebeln in kaltem Wasser einweichen, anschließend schälen. In einem kleinen Topf den Zucker hellbraun karamellisieren, die Zwiebeln, Rosmarin sowie das zweite Lorbeerblatt zufügen, alles mit Fleur de Sel würzen und mit dem Essig ablöschen. Die Perlzwiebeln zugedeckt bei milder Hitze 30 bis 35 Minuten im eigenen Dampf garen.

3 Inzwischen die getrockneten Tomaten fein würfeln. Das Fleisch aus dem Sud nehmen, von Knöcheln, Häuten und eventuell vorhandenen kleinen Sehnen befreien. Das Fleisch längs gegen die Faser aufschneiden und in eine große flache Pfanne einlegen. 100 ml Kochbrühe angießen, die glasierten Perlzwiebeln mit dem Schmorfond zufügen und alles zusammen noch 2 bis 3 Minuten leicht köcheln lassen. Die kalte Butter einrühren und die Sauce nach Geschmack mit gemahlenem Kümmel abrunden. Die Fleischscheiben mit den Perlzwiebeln auf vorgewärmten Tellern anrichten, pfeffern und mit den getrockneten Tomaten bestreut servieren.

Tipp Mit wenig (!) sehr fein geschnittenen Liebstöckel-Blättern bekommt das Gericht einen ganz besonderen Geschmack.

Salz

1,2 kg flache Ochsenrippe, nur die Herzstücke, ohne Deckel

1 TL Kümmel

2 frische Lorbeerblätter

300 g Perlzwiebeln

2 EL brauner Zucker

1 Zweig Rosmarin

Fleur de Sel

1 EL guter Rotweinessig

3 getrocknete Tomaten

3 EL kalte Butter

½ TL gemahlener Kümmel

frisch gemahlener Pfeffer

Entrecote
mit Krusteln und Schalotten

2 Entrecotes mit Fettrand (doppelte Steaks), je etwa 400 g
4 Schalotten
4 Zweige Thymian oder Rosmarin
Olivenöl zum Braten
2 cl Madeira
150 ml Kalbsfond (Fond de veau, siehe Seite 64)
1 EL kalte Butter
Fleur de Sel
frisch gemahlener Pfeffer

1 Die Entrecotes vom Fettrand befreien und das Fett fein würfeln. Die Schalotten schälen und in feine Würfel schneiden. Von 2 Kräuterzweigen die Blättchen oder Nadeln abzupfen.

2 In einer großen ofenfesten Pfanne (möglichst aus Gusseisen) etwas Olivenöl erhitzen und das Fleisch darin von beiden Seiten anbraten. Die übrigen beiden Kräuterzweige zufügen und das Fleisch bei 200 °C im vorgeheizten Ofen in 8 bis 10 Minuten rosa braten. Herausnehmen, die Entrecotes auf einer vorgewärmten Platte locker mit Alufolie bedecken und warm stellen.

3 In der Bratpfanne das gewürfelte Rinderfett bei relativ hoher Temperatur anrösten, die Schalottenwürfel zufügen und kurz mitrösten. Am Schluss sollte beides goldbraun und schön kross sein. Den Pfanneninhalt in ein Sieb schütten und den Bratensatz mit Madeira lösen. Den Kalbsfond zugießen und die Sauce auf eine sämige Konsistenz einkochen lassen. Die kalte Butter einrühren. Die Hälfte der Krusteln und Schalotten in die Sauce geben, die andere Hälfte mit Fleur de Sel würzen.

4 Die Entrecotes schräg zur Faser in dünne Tranchen schneiden, mit den restlichen Krusteln und Schalotten sowie den abgezupften Kräuterblättchen bestreuen und mit der Sauce umgießen. Zum Schluss das Fleisch mit Fleur de Sel und Pfeffer würzen.

Tipp Das Fleisch kurz vor dem Aufschneiden nochmals kurz in der Pfanne in heißem Olivenöl wenden.

Kurz gebratenes Kronfleisch
mit Kresse und Meerrettich

1 kleines Stück
frischer Meerrettich
1 Bund Radieschen
200 g Gartenkresse
3 EL Olivenöl
600 g Kronfleisch
(Nierenzapfen),
vom Metzger
mit der Maschine längs
gegen die Faser in
$\frac{1}{2}$ cm dicke Scheiben
geschnitten
Fleur de Sel
frisch gemahlener Pfeffer
Saft von 1 Zitrone
50 ml Kürbiskernöl

1 Ein Blech mit Gitterauflage vorwärmen. Den Meerrettich von oben nach unten schälen und in feine Späne reiben. Die Radieschen waschen, Wurzelspitzen und Blattansätze entfernen. Die Radieschen erst in dünne Scheiben, dann in feine Stifte schneiden. Die Kresse waschen und gut abtropfen lassen.
2 In einer Pfanne das Olivenöl erhitzen und die Kronfleischscheiben von jeder Seite ganz kurz, nur etwa $\frac{1}{2}$ Minute, braten. Dann herausnehmen, das Fleisch auf das Gitter setzen und mit Fleur de Sel und Pfeffer würzen. Die Pfanne mit dem Bratfett etwas abkühlen lassen.
3 Das Fleisch dünn (oder nach Geschmack) mit Meerrettichspänen bestreuen. Die Kresse mit den Radieschenstiften in die warme Pfanne geben, den Zitronensaft darüber gießen und alles mit dem Bratfett vermischen. Die Marinade anschließend über dem Fleisch verteilen.
4 Das Fleisch auf Tellern anrichten und mit Kürbiskernöl beträufeln oder umgießen.

Tipp Diese Rezeptur ist ebenfalls mit Lenden- oder Filetscheiben möglich. Aber den besonderen Biss und Charakter hat nur Kronfleisch!

Kronfleisch eignet sich auch hervorragend zum Kochen und Schmoren, muss jedoch bei diesen Zubereitungsarten unbedingt ganz weich gegart werden. Die Garzeit beträgt dann 2 bis 2 $\frac{1}{2}$ Stunden.

Eine besonders kräftige Fleischsuppe (siehe Seite 65) ergibt sich, wenn sie mit Kronfleisch zubereitet wird!

Rinderzunge in Madeira
mit Ochsenmark

1 Die Rinderzunge in einem Topf mit reichlich kaltem Wasser aufsetzen, aufkochen lassen, abschäumen und in 2 bis 2 ½ Stunden zugedeckt weich garen. Nach etwa 1 Stunde Lorbeer und Piment zufügen. Wenn die Zunge weich ist, den Topf vom Herd nehmen und die Zunge im Sud stehen lassen.

2 In der Zwischenzeit die Schalotten schälen und klein würfeln. Das Ochsenmark in etwa 1 cm große Würfel schneiden. Den Estragon waschen, trockenschütteln und die Blättchen von den Stielen zupfen.

3 Für die Sauce in einem Topf den Zucker karamellisieren, die Schalottenwürfel zufügen und leicht salzen. Alles bei mittlerer Hitze leicht anschwitzen, mit dem Essig ablöschen und diesen etwas einkochen lassen. Den Madeira angießen und etwa auf die Hälfte reduzieren. Alles mit Kalbsfond auffüllen und die Sauce langsam um ein Drittel auf eine sämige Konsistenz reduzieren.

4 Die Zunge längs in dünne Scheiben schneiden. Das gewürfelte Ochsenmark und die kalte Butter in die heiße Sauce geben. Die Zungenscheiben auf vorgewärmten Tellern anrichten, pfeffern, mit der Sauce überziehen und alles mit Estragon bestreut servieren.

Tipp Kalt aufgeschnitten kann die Zunge auch mit einer Thunfisch-Sauce à la „Vitello tonnato" serviert werden.

**1 kg gepökelte Rinderzunge
(beim Metzger vorbestellen)
3 frische Lorbeerblätter
5 Pimentkörner
4 Schalotten
150 g Ochsenmark (beim
Metzger vorbestellen)
1 Bund Estragon
2 EL Zucker
Salz
2 EL Rotweinessig
150 ml Madeira
300 ml Kalbsfond
(Fond de veau,
siehe Seite 64)
1 EL kalte Butter
frisch gemahlener Pfeffer**

Geschmorte Ochsenbacken

1 Winterapfel, z.B. Cox Orange
2 kleine Karotten
¼ Knolle Sellerie
3 Zwiebeln
Olivenöl zum Braten
2 magere Ochsenbäckchen,
je 400–500 g
2 EL Zucker
3 geschälte Tomaten aus
dem Glas
200 ml kräftiger Rotwein
1 l Gemüsebrühe
Salz
½ unbehandelte Orange
5 Pimentkörner
5 Wacholderbeeren
1 frisches Lorbeerblatt
½ TL schwarze Pfefferkörner
frisch gemahlener Pfeffer

1 Apfel, Karotten und Sellerie waschen und mit der Schale grob würfeln. Die Zwiebeln ebenfalls ungeschält würfeln. In einem schweren Bräter etwas Olivenöl erhitzen und die Ochsenbacken darin ringsum scharf anbraten, anschließend herausnehmen und beiseite stellen.

2 Das geschnittene Gemüse und die Apfelwürfel in den Bräter geben und hellbraun anrösten. Den Zucker einstreuen und leicht karamellisieren lassen. Anschließend die Tomaten zufügen, kurz mitgaren und mit etwa 50 ml Wasser ablöschen. Die Flüssigkeit einkochen lassen und erneut mit 50 ml Wasser ablöschen, dabei den Bratensatz mit einem Holzlöffel lösen. Den Rotwein und die Gemüsebrühe angießen, alles einmal aufkochen lassen und die angebratenen Bäckchen einlegen. Den Fond kurz aufkochen und nach Belieben leicht salzen.

3 Einen Deckel auflegen und den Bräter in den auf 180 °C vorgeheizten Ofen schieben. Die Ochsenbäckchen in 2 ½ bis 3 ½ Stunden weich schmoren (siehe Tipp). Inzwischen die Orange heiß waschen, trocknen und in größere Stücke schneiden. Nach 1 Stunde Garzeit die Orange sowie Piment, Wacholder, Lorbeer und Pfefferkörner zugeben und die Bäckchen unter mehrfachem Wenden offen weiter schmoren.

4 Wenn die Ochsenbäckchen weich sind, aus dem Bräter nehmen und auf einer vorgewärmten Platte, locker mit Alufolie bedeck, warm halten. Die Sauce durch ein feines Sieb in einen kleinen Topf passieren, dabei das Gemüse leicht ausdrücken. Die Sauce auf die gewünschte Konsistenz einkochen lassen und mit Salz und Pfeffer abschmecken. Zum Servieren die Bäckchen aufschneiden und mit der Sauce auf vorgewärmten Tellern anrichten.

Tipp Die Sauce ganz zum Schluss mit einem Spritzer Portwein verfeinern.

Bei Ochsenbacken ist die Garzeit nicht genau vorhersehbar, von 2 bis 4 Stunden ist alles möglich … sie müssen jedoch unbedingt weich sein, dann sind sie eine Delikatesse!

Rostbraten vom Rind mit Kraut

½ kleiner Kopf Spitz-
oder Weißkraut
1 Schalotte
90 ml Olivenöl zum Braten
Salz
frisch gemahlener Pfeffer
8 Scheiben Rinderlende,
je 80 g
4 Zweige Thymian
Fleur de Sel
100 ml Kalbsfond
(Fond de veau,
siehe Seite 64)
1 TL kalte Butter

1 Das Kraut waschen, vierteln, vom Strunk befreien und in 1 cm breite Streifen schneiden. Die Schalotte schälen und längs in feine Streifen schneiden.

2 In einer Pfanne 50 ml Olivenöl erhitzen, Schalotten- und Krautstreifen darin kurz anbraten und bei milder Hitze goldbraun werden lassen. Anschließend das Kraut aus der Pfanne nehmen, auf einem Sieb abtropfen lassen, leicht salzen und pfeffern und bis zum Servieren warm stellen.

3 Die Pfanne, in der das Kraut gebraten wurde, mit Küchenpapier auswischen und die restlichen 4 EL Olivenöl darin erhitzen. Die Lendenscheiben zusammen mit den Thymianzweigen in die Pfanne geben und von beiden Seiten kurz braten, so dass das Fleisch innen rosa bleibt. Das Fleisch aus der Pfanne nehmen, auf einer vorgewärmten Platte anrichten und mit etwas Fleur de Sel bestreuen. Das Kraut darüber verteilen.

4 Den Bratensatz mit dem Kalbsfond ablöschen, alles einmal kurz aufkochen lassen und die kalte Butter unterrühren. Die Sauce über Kraut und Fleisch träufeln und alles mit den gebratenen Thymianzweigen garniert servieren.

Tipp Ganz zum Schluss können Sie die Sauce noch mit einem kleinen Schuss rotem Portwein abschmecken ... lecker!

Variante: Anstatt der Rinderlende können Sie auch gekochtes Rindfleisch vom Vortag verwenden. Dazu das Fleisch in etwa 1 ½ cm dicke Scheiben schneiden, salzen, pfeffern und in Mehl wenden. Überschüssiges Mehl abklopfen und die Scheiben in heißem Öl von beiden Seiten goldbraun mit dem Thymian braten. Die weitere Zubereitung dann wie oben.

Ragout von mageren Schweinebacken mit Gemüse

1 kg ausgelöste magere Schweinebacken (beim Metzger
vorbestellen)
2 Zwiebeln
2 Karotten
½ Knolle Sellerie
Olivenöl zum Braten
1 EL Mehl
200 g geschälte Tomaten aus
dem Glas
1 l Fleisch- oder Gemüsebrühe
Salz
frisch gemahlener Pfeffer
2 frische Lorbeerblätter
50 g saure Sahne
abgeriebene Schale von
1 unbehandelten Zitrone

1 Das Fleisch in etwa walnussgroße Stücke schneiden. Zwiebeln und Gemüse schälen und alles in etwa ½ cm große Würfel schneiden.

2 In einem Bräter etwas Olivenöl erhitzen und das Fleisch darin von allen Seiten anbraten. Zwiebel- und Gemüsewürfel zufügen und kurz mitbraten. Alles mit Mehl bestäuben, kurz anschwitzen lassen, die Tomaten aus dem Glas zufügen und ebenfalls mit anschwitzen. Mit der Brühe auffüllen, alles aufkochen lassen, vorsichtig salzen und pfeffern (je nachdem, wie kräftig die Brühe ist!) und die Lorbeerblätter zufügen.

3 Anschließend die Schweinebäckchen bei 180 °C im vorgeheizten Ofen offen 1 bis 1 ½ Stunde schmoren, dabei immer wieder umrühren, damit sich keine Bratenkruste bildet. Die Bäckchen sind gar, wenn sie sich mit einer Rouladennadel leicht einstechen lassen. Gegen Ende der Garzeit sollte die Sauce eine leicht sämige Konsistenz haben.

4 Bäckchen und Gemüse mit der Sauce auf vorgewärmten Tellern anrichten. Zum Schluss auf jede Portion einen Klecks Sauerrahm und etwas abgeriebene Zitronenschale geben.

Tipp Schweinebacken eignen sich auch ganz hervorragend für eine leckere, kurz gebratene Beilage zu Nudeln: Das Fleisch gegen die Faser in etwa ½ cm dicke Scheiben schneiden, in einer heißen Pfanne von beiden Seiten kurz braten, mit etwas braunem Schweinefond (siehe Seite 66) ablöschen, kurz reduzieren, salzen, pfeffern und mit feinen Bandnudeln servieren.

Gekochtes Wammerl
mit Senf-Vinaigrette

1 Den Schweinebauch in reichlich Wasser mit etwas Salz zum Kochen bringen. Die Zwiebel mit Lorbeer und Nelken spicken. Den Kochsud abschäumen, die gespickte Zwiebel, Piment und Chili zufügen und alles etwa 1 ½ Stunden bei milder Hitze köcheln lassen. Der Schweinebauch sollte nicht mehr fest sein, kann aber noch einen ganz leichten Biss haben. Den Topf vom Herd nehmen, 80 ml Kochsud abmessen und das Fleisch in der restlichen Brühe ruhen lassen.

2 Inzwischen die Vinaigrette zubereiten: Die Schalotten schälen und fein würfeln. Vom Bohnenkraut die Blättchen abzupfen und fein schneiden. In einer Pfanne das Rapsöl erhitzen, Schalottenwürfel und Senfkörner darin anschwitzen, mit dem abgemessenen Kochsud ablöschen und alles kurz weiterköcheln lassen. Essig zufügen, mit Salz, Zucker und Pfeffer würzen und die Vinaigrette noch einmal kurz aufkochen, dann abkühlen lassen. Zum Schluss den Senf und das Bohnenkraut in die lauwarme Vinaigrette rühren.

3 Das Wammerl in ½ cm dünne Scheiben schneiden (siehe Tipp), flach auf Tellern platzieren, mit der Vinaigrette überziehen und mit je einem Zweig Bohnenkraut garniert servieren.

Tipp Sie können das Wammerl mit und ohne Schwarte servieren.
Dazu passt sehr gut Kartoffel-Wurzel-Gemüse oder Riesling-Dämpfkraut. Auch normales Sauerkraut schmeckt ausgezeichnet dazu.

**800 g Schweinebauch mit
Schwarte
Salz · 1 Zwiebel
1 frisches Lorbeerblatt
2 Gewürznelken
1 TL Pimentkörner
1 Chilischote**

**Für die Vinaigrette:
2 Schalotten
2 Zweige Bohnenkraut
100 ml Rapsöl
1 EL Senfkörner
50 ml Apfelessig
Salz
1 TL Zucker
frisch gemahlener Pfeffer
1 EL scharfer Dijon-Senf**

**Für die Garnitur:
4 Zweige Bohnenkraut**

Knusprige Speck-Tartes mit Meerrettich-Sauerrahm

1 kleines Stück frischer Meerrettich
4 bis 8 Stängel Dill
150 g saure Sahne
Salz, frisch gemahlener Pfeffer
Saft von 1/2 Zitrone
4 Blätter Frühlingsrollen-teig (aus dem Asia-Laden)
24 Scheiben geräuchertes Wammerl ohne Knorpel und Schwarte, sehr fein geschnitten
Olivenöl zum Braten

1 Den Meerrettich waschen und schälen, dann auf einer feinen Küchenreibe etwa 2 EL davon abreiben. Den Dill waschen und abtropfen lassen.

2 Den Sauerrahm in einer kleinen Schüssel glatt rühren. Den geriebenen Meerrettich untermischen, mit Salz, Pfeffer und Zitronensaft abschmecken.

3 Die Frühlingsrollenteig-Blätter auf dem Tisch ausbreiten, längs halbieren. Jede Hälfte mit drei Speckscheiben leicht überlappend belegen.

4 In einer heißen Pfanne etwas Olivenöl erhitzen und die belegten Tartes auf der Teigseite knusprig braten. Anschließend wenden und auf der Speckseite kross braten. Die Tartes aus der Pfanne nehmen, auf Küchenpapier kurz abtropfen lassen und mittig auf vorgewärmten Tellern anrichten.

5 Den gewürzten Sauerrahm mit einem Stabmixer kurz aufschäumen, mit einem Löffel um die Tartes ziehen und alles mit Dill garniert servieren.

Tipp Wer es gern schärfer mag, hobelt vom geschälten Meerrettich mit einem Messerrücken dünne Streifen ab und platziert sie auf den Tartes.

Toast mit gebratener Leberwurst

300 g grobe Hausmacher-Schweineleberwust, leicht geräuchert
1 Scheibe Kalbsleber
1 große Gemüsezwiebel
1 Bund Petersilie
2 EL Olivenöl
frisch gemahlener Pfeffer
8 Scheiben Baguette

1 Die Leberwurst aus dem Darm pellen und klein schneiden. Die Kalbsleber-scheibe fein würfeln. Die Zwiebel schälen und ebenfalls fein würfeln. Die Petersilie waschen, abtropfen lassen, die Blätter von den Stängeln zupfen und grob schneiden.

2 In einer Pfanne das Olivenöl erhitzen, die Zwiebelwürfel mit der Leber darin andünsten, pfeffern. Die Leberwurst unterrühren und die Petersilie unterheben. Die gebratene Leberwurst auf getoasteten Baguettescheiben servieren.

Tipp Mit kühlem Bier serviert die Alternative zum Weißwurst-Frühstück!

Graubrot mit Lardo

4 Zweige Rosmarin
100 ml Olivenöl
4 Scheiben Natursauerteig-
brot (Graubrot)
16 Scheiben Lardo, hauchdünn
geschnitten (siehe Tipp)
Fleur de Sel
frisch gemahlener Pfeffer

1 Die Rosmarinnadeln abstreifen. In einer Pfanne das Olivenöl erhitzen, den Rosmarin zufügen und die Graubrotscheiben darin von beiden Seiten goldbraun rösten. Das Brot aus der Pfanne nehmen und kurz auf Küchenpapier abtropfen lassen.
2 Den Lardo flach auf die warmen Brotscheiben legen, mit den gerösteten Rosmarinnadeln bestreuen, mit Fleur de Sel und Pfeffer würzen und servieren. Ganz einfach ... aber gut!

Tipp Lardo, ein fetter, gesalzener und mit Kräutern luftgetrockneter Schweinerückenspeck, reift mindestens sechs Monate in weißen Marmorbecken. Er kommt aus Italien, vorzugsweise aus dem Piemont, und ist in guten Feinkostgeschäften erhältlich.
Karamellisierte kleine Perlzwiebeln, lauwarm, schmecken lecker dazu!

Rostbratwurst mit süßem Senf-Sabayon

100 ml Fleischbrühe
Salz
1 TL feine Schalottenwürfel
1 Prise Cayennepfeffer
Olivenöl zum Braten
8 grobe rohe Rostbratwürste
(oder Ihre Lieblings-
Bratwürste ...)
1 bis 2 Eigelbe
3 EL süßer Senf
(Weißwurst-Senf)

1 In einem kleinen Topf die Fleischbrühe mit 1 Prise Salz, den Schalottenwürfeln und dem Cayennepfeffer aufkochen und etwa um ein Viertel reduzieren.
2 In einer Pfanne wenig Olivenöl erhitzen, die Bratwürste darin scharf anbraten, wenden und bei 200 °C im vorgeheizten Ofen in etwa 4 Minuten resch fertig braten. Anschließend herausnehmen, die Bratwürste schräg halbieren und auf vorgewärmten Tellern mittig, leicht übereinander gelegt, anrichten.
3 Die Eigelbe und den Senf in die kochende Flüssigkeit geben, den Topf vom Herd ziehen und das Sabayon mit einem Stabmixer aufschäumen. Kurz ziehen lassen und das Senf-Sabayon um die Bratwursthälften gießen.

Tipp Fein geschnittene, hellbraun gebratene Weißkrautstreifen mit Petersilie dazu reichen.
Das Eigelb gerinnt zwar, wenn es in die kochende Flüssigkeit kommt. Aber keine Sorge: durch das Aufmixen verschwindet die Gerinnung sofort wieder.

Gepökelte Schweineschulter mit glasierter Kruste

1 Die Zwiebel schälen, mit Lorbeer und Nelken spicken. Reichlich Wasser zusammen mit dem Fleisch, der gespickten Zwiebel und dem Piment aufkochen, abschäumen und die Schweineschulter etwa 2 Stunden zugedeckt bei geringer Hitze köcheln lassen, bis sie weich ist. Anschließend aus dem Wasser nehmen, das Fleisch in eine ofenfeste Form setzen und ruhen lassen.

2 In einem flachen Topf den braunen Zucker hell karamellisieren lassen, mit dem Kalbsfond ablöschen und den Ingwer zufügen. Den Fond auf eine sämige Konsistenz reduzieren.

3 Die Schwarte der Schulter mit einer scharfen Messerspitze rautenförmig einritzen und mit dem reduzierten Fond überziehen. Das Fleisch unter den vorgeheizten Backofengrill stellen und die Kruste goldbraun glasieren. Zum Servieren das Fleisch aufschneiden, auf vorgewärmten Tellern anrichten und mit den Fond umgießen.

Tipp Ein säuerlich abgeschmecktes Kartoffel-Wurzel-Gemüse passt sehr gut als Beilage.

   Die Schweineschulter schmeckt auch kalt aufgeschnitten mit gutem Bauernbrot und Schnittlauch sehr lecker.

1 Zwiebel
1 frisches Lorbeerblatt
3 Gewürznelken
1,2 kg gepökelte Schweineschulter mit Schwarte (beim Metzger vorbestellen)
5 Pimentkörner
4 EL brauner Zucker
200 ml Kalbsfond (Fond de veau, (siehe Seite 64)
1 TL fein geriebener frischer Ingwer

Côte de Schwein, glasiert

Olivenöl zum Braten
1,2 kg Schweinekotelett am
Stück, mit Knochen
(siehe Tipp)
3 Zweige Thymian
1 Knoblauchzehe
3 EL Kalbsfond
(Fond de veau,
(siehe Seite 64)
3 EL Akazienhonig
(oder eine andere Sorte)
Fleur de Sel
frisch gemahlener Pfeffer

1 In einer großen schweren, ofenfesten Pfanne etwas Olivenöl erhitzen und das Kotelettstück darin von beiden Seiten scharf anbraten, anschließend auf die Fettseite stellen und in der Pfanne bei 200 °C im vorgeheizten Backofen in 30 bis 35 Minuten saftig braten. Dabei das Fleisch mehrmals mit dem Bratfett übergießen und nach etwa 15 Minuten die Thymianzweige sowie die ungeschälte und leicht angedrückte Knoblauchzehe zugeben.

2 Das Fleisch aus dem Ofen nehmen, mit den Thymianzweigen auf eine vorgewärmte Platte legen und locker mit Alufolie bedeckt warm halten. Das Bratfett mit dem Knoblauch aus der Pfanne abgießen, den Bratensatz mit dem Kalbsfond lösen, den Honig einrühren, alles aufkochen lassen und die Flüssigkeit etwas reduzieren. Das Kotelettstück wieder in die Pfanne legen und mit der Honigsauce überglänzen.

3 Das Fleisch 2 bis 3 Minuten unter dem vorgeheizten Backofengrill glasieren. Anschließend aus der Pfanne nehmen und 2 Minuten ruhen lassen. Zum Servieren das Kotelett in dünne Scheiben schneiden, mit der Honigsauce leicht überziehen und mit Fleur de Sel und Pfeffer würzen.

Tipp Bestellen sie das Kotelettstück beim Metzger vor: Es sollte 2 cm Fettrand und lange Rippenknochen haben.

Die Garzeit richtet sich nach der Größe des Fleischstücks und kann variieren. Sie können mit einem Bratenthermometer kontrollieren: Bei einer Kerntemperatur von 65 °C ist das Fleisch gar.

Als Beilage passt sehr gut gebratener Kohl und alle Krautsorten.

Geschnetzeltes mit Äpfeln und schwarzem Pfeffer

2 Äpfel, z.B. Cox Orange
2 EL brauner Zucker
Olivenöl zum Braten
½ TL fein geschnittene
Rosmarinnadeln
½ Schalotte
650 g Schweinefleisch aus
der Keule, geschnetzelt
Fleur de Sel
1 EL Butter
1 TL zerstoßener
schwarzer Pfeffer
200 ml Kalbsfond (Fond de veau,
(siehe Seite 64)

1 Die Äpfel waschen und ungeschält vierteln, jeweils das Kerngehäuse entfernen und die Viertel in 3 Spalten schneiden. Den Boden einer Pfanne mit dem Zucker bestreuen, die Apfelspalten fächerförmig einlegen, 2 EL Olivenöl darüber verteilen und die Äpfel mit dem Rosmarin bestreuen. Die Pfanne auf den Herd stellen und bei relativ großer Hitze die Apfelspalten von beiden Seiten hellbraun karamellisieren lassen, dann beiseite stellen.

2 Die Schalotte schälen und fein würfeln. In einer zweiten Pfanne etwas Olivenöl erhitzen und das geschnetzelte Fleisch zusammen mit den Schalottenwürfeln ringsum kräftig anbraten. Das Geschnetzelte in ein Küchensieb geben, abtropfen lassen und mit Fleur de Sel würzen.

3 Die Butter in der Fleischpfanne mit dem Pfeffer langsam erhitzen. Den Kalbsfond zufügen, alles aufkochen lassen und die Sauce leicht reduzieren. Das abgetropfte Fleisch wieder in die Pfanne geben und nochmals kurz mitgaren. Zum Schluss die glasierten Apfelspalten darüber verteilen und das Geschnetzelte in der Pfanne servieren.

Tipp Zum Anbraten von klein geschnittenem Fleisch immer eine große Pfanne verwenden, damit die Fleischstücke nebeneinander und nicht übereinander liegen. Notfalls das Fleisch portionsweise anbraten.

Knuspriger Braten vom Schweinebauch

1 Einen Bräter 3 cm hoch mit Wasser füllen, die Lorbeerblätter zufügen und das Wasser zum Kochen bringen. Den Schweinebauch mit der Schwarte nach unten einlegen und die Schweinefußscheiben am Rand des Bräters verteilen. Alles mit Salz, Pfeffer und Kümmel würzen und bei 220 °C im vorgeheizten Ofen etwa 45 Minuten offen garen. Währenddessen die Karotten, Zwiebeln sowie den Sellerie schälen und halbieren.

2 Den Bräter aus dem Ofen nehmen, den Schweinebauch wenden und auf die Fußscheiben setzen. Mit einem scharfen Messer die Schwarte rautenförmig einritzen und anschließend mehrmals mit dem heißen Fond übergießen. Die Schwarte salzen, das geschnittene Gemüse am Rand verteilen und den Braten für weitere 45 Minuten zurück in den Ofen schieben, bis die Schwarte schön kross aufgesprungen ist. Während der Bratzeit den Bauch 2- bis 3-mal mit dem Bratenfond übergießen.

3 Sobald die Schwarte kross genug ist, die Temperatur auf 160 °C reduzieren und den Schweinebauch in 45 bis 60 Minuten, je nach Stärke des Fleischstücks, fertig braten. Der Schweinebauch ist gar, wenn er sich mit einer Gabel ohne großen Gegendruck einstechen lässt.

4 Den Schweinebauch herausnehmen, auf einer vorgewärmten Platte locker mit Alufolie abdecken und ruhen lassen. Das Gemüse ebenfalls herausnehmen und warm halten. Das Fett vom Bratenfond abschöpfen, den Schweinefond angießen und die Sauce auf die gewünschte Konsistenz reduzieren.

5 Den Braten aufschneiden, das Gemüse klein schneiden und mit dem Fleisch auf Tellern anrichten. Wer mag, legt noch eine Fußscheibe dazu. Die Bratensauce angießen und den knusprigen Braten servieren.

Tipp Die gebrühte Schwarte lässt sich wesentlich leichter und gleichmäßiger einschneiden, saugt Wasser an und krustet dadurch besser auf.

Für 6 bis 8 Portionen

2 frische Lorbeerblätter
2 ½ kg Schweinebauch
6 Scheiben Schweinefuß,
jeweils etwa 2 cm dick
Salz
frisch gemahlener Pfeffer
1 TL Kümmel
2 Karotten
2 Zwiebeln
1 kleine Knolle Sellerie
200 ml brauner Schweinefond
(siehe Seite 66)

Mit Schweinehack gefüllte Mangoldblätter mit Oliven und Zitronen

4 große Mangoldblätter
Salz
1 Semmel (Brötchen)
1 Schalotte
1 Bund Petersilie
50 ml Olivenöl
500 g Schweinehack
1 Ei
frisch gemahlener Pfeffer
frisch geriebene Muskatnuss
2 Zitronen
150 g kleine schwarze Oliven
evtl. etwas Petersilie
für die Garnitur

54

1 Die Mangoldblätter in kochendem Salzwasser $\frac{1}{2}$ Minute blanchieren, herausnehmen, in kaltem Wasser abschrecken und zum Abtropfen auf Küchenpapier legen. Die dicken Stiele herausschneiden.

2 Für die Füllung die Semmel etwa 10 Minuten in kaltem Wasser einweichen, ausdrücken und beiseite stellen. Die Schalotte schälen und fein würfeln. Die Petersilie waschen, trocken schleudern, die Blättchen von den Stängeln zupfen und fein schneiden.

3 In einer kleinen Pfanne 2 EL Olivenöl erhitzen, die Schalottenwürfel mit der Petersilie darin kurz andünsten, dann vom Herd nehmen. Das Hackfleisch in einer Schüssel mit der ausgedrückten Semmel, dem Ei, Schalotte und Petersilie sowie Salz, Pfeffer und Muskat gut mischen und verkneten.

4 Die Mangoldblätter nebeneinander ausbreiten, die Hackfleischmasse mittig darauf verteilen und die überstehenden Blattränder so darüber zusammenschlagen, dass kleine Päckchen entstehen. Die gefüllten Blätter mit der Nahtstelle nach unten in eine flache ofenfeste Pfanne setzen, mit dem restlichen Olivenöl übergießen, pfeffern und bei 180 °C im vorgeheizten Ofen etwa 15 Minuten garen. Dabei die Päckchen zwischendurch 1- bis 2-mal mit dem Bratfett übergießen.

5 Inzwischen eine Zitrone auspressen, die andere schälen und mit einem scharfen Messer die Fruchtfilets auslösen. Die gefüllten Mangoldblätter aus dem Ofen nehmen und auf einer vorgewärmte Platte anrichten. Den Zitronensaft und die Oliven in die Bratpfanne geben und die Sauce mit einem Scheebesen leicht sämig rühren. Die gefüllten Mangoldblätter mit der heißen Sauce überziehen und mit den Zitronenfilets und eventuell etwas Petersilie garniert servieren.

Tipp Wenn die Füllung noch leicht rosa ist, schmecken die Mangoldblätter sogar noch besser.

Sauté von der Schweinebacke mit Reherl

**200 g kleine Reherl
(Pfifferlinge)
1 Schalotte
1 Bund Petersilie
4 küchenfertige magere
Schweinebäckchen
(beim Metzger vorbestellen)
2 EL Olivenöl
frisch gemahlener Pfeffer
1 TL Butter
Fleur de Sel**

1 Die Pfifferlinge putzen, kurz waschen und gut abtropfen lassen. Die Schalotte schälen und fein würfeln. Die Petersilienblättchen von den Stängeln zupfen, waschen und fein schneiden.
2 Die Bäckchen mit einem scharfen Messer gegen die Faser in 1/2 cm dicke Scheiben schneiden. In einer großen Pfanne das Öl erhitzen, die Bäckchenscheiben darin von beiden Seiten scharf anbraten, pfeffern und auf ein Sieb geben. In der Bratpfanne die Butter bei mittlerer Hitze zerlassen und die Schalotte darin glasig andünsten. Die Temperatur erhöhen, die Pilze zufügen und mitbraten. Die Bäckchenscheiben zugeben und alles zusammen noch kurz garen, dann mit Fleur de Sel und Petersilie bestreut servieren.

Tipp Schmeckt sehr fein auf Bandnudeln oder auf Salat. Passt auch hervorragend zu in Portwein gedünstetem Sellerie.

Kalter Braten, lauwarm mariniert

**3 rote Zwiebeln
1/2 Blumenkohl
1 Bund Schnittlauch
500 g kalter Braten
vom Vortag
100 ml Rapsöl
Salz
frisch gemahlener Pfeffer
50 ml Apfelessig
50 ml Gemüsebrühe
1 frisches Lorbeerblatt
1 TL Zucker**

1 Die Zwiebeln schälen und in feine Streifen schneiden. Den Blumenkohl waschen, sehr gut abtropfen lassen, von den Strünken befreien und in kleinste Röschen zerteilen. Den Schnittlauch waschen, trockenschütteln und in 1 cm lange Röllchen schneiden. Den Braten in 1/2 cm dicke Scheiben schneiden und diese auf einer großen Platte nebeneinander flach arrangieren.
2 Das Rapsöl in einer großen Pfanne erhitzen und die Blumenkohlröschen darin braun anrösten, dabei eventuell für 2 bis 3 Minuten einen Deckel auflegen. Die Zwiebelstreifen zufügen, kurz mitdünsten und alles mit Salz und Pfeffer würzen. Den Essig und die Gemüsebrühe angießen, Lorbeer zufügen, alles mit Zucker abschmecken und zu einer leicht sämigen Vinaigrette einkochen lassen. Die Bratenscheiben mit der heißen Vinaigrette übergießen, etwa 10 Minuten ziehen lassen und mit Schnittlauch bestreut servieren.

Tipp Mit aufgeschnittenen, gebratenen Knödeln vom Vortag servieren!

Gebackener Halsgrat mit Essigjus

1 Die Eier in einem tiefen Teller verquirlen. Die Fleischscheiben salzen und pfeffern, dann in Mehl und anschließend in verquirltem Ei und Semmelbröseln wenden. Die Panade leicht festdrücken.

2 Die Schalotte schälen und fein würfeln. In einem kleinen Topf ½ EL Butter erhitzen und die Schalottenwürfel mit dem Zucker darin glasig andünsten. Alles mit dem Essig ablöschen, diesen etwas verdampfen lassen und den Kalbsfond angießen. Kurz aufkochen lassen und die Sauce auf eine sämige Konsistenz reduzieren.

3 Das Rapsöl etwa 1 cm hoch in eine große ofenfeste Pfanne eingießen und erhitzen, dann die restliche Butter zufügen. Sobald Bläschen aufsteigen, die panierten Fleischscheiben einlegen und auf beiden Seiten goldgelb anbraten. Die panierten Nackenkoteletts anschließend bei 200 °C im vorgeheizten Ofen in etwa 10 Minuten fertig backen. Die Panade soll leicht kross sein.

4 Das Fleisch herausnehmen, etwa 2 Minuten ruhen lassen und mit Fleur de Sel würzen. Zum Servieren das Fleisch schräg in etwa 1 cm dicke Streifen schneiden, auf Tellern anrichten und mit der säuerlichen Sauce umgießen.

Tipp Frisches Preiselbeerkompott dazu serviert ergibt ein schönes Spiel von Süße und Säure ...

Besonders in den Wintermonaten hervorragend mit gedünstetem Wurzelgemüse. Im Sommer mit mariniertem knackigem Rucola und locker darüber gestreuten Tomatenwürfeln servieren!

2 Eier
4 Scheiben Schweine-nackenkotelett,
je etwa 180 g
Salz
frisch gemahlener Pfeffer
Mehl zum Wenden
250 g Semmelbrösel
1 Schalotte
1 ½ EL Butter
½ TL Zucker
2 EL bester Rotweinessig
150 ml Kalbsfond
(Fond de veau, siehe Seite 64)
Rapsöl zum Braten
Fleur de Sel

Haxen vom Lamm, auf mediterrane Art geschmort

2 Karotten

½ Knolle Sellerie

4 kleine Zwiebeln

8 kleine fest kochende Kartoffeln

3 EL Olivenöl

4 Lammhaxen

½ Knolle Knoblauch, ungeschält

4 geschälte Tomaten (aus dem Glas)

¾ l Fleischbrühe

¼ l Kalbsfond (Fond de veau, siehe Seite 64)

Salz

1 frisches Lorbeerblatt

1 Zweig Rosmarin

1 Karotten und Sellerie schälen, beides in größere Stücke schneiden. Die Zwiebeln schälen und halbieren. Die Kartoffeln gründlich waschen, aber nicht schälen.

2 In einem Bräter das Olivenöl erhitzen und die Lammhaxen darin von allen Seiten anbraten, dann herausnehmen. Die Karotten- und Selleriestücke, die Zwiebeln und den Knoblauch in den Bräter geben und hellbraun anrösten. Die geschälten Tomaten zufügen und kurz mitrösten. Das Gemüse mit der Fleischbrühe und dem Kalbsfond auffüllen, mit etwas Salz würzen und die Kartoffeln in den Bräter legen. Alles aufkochen lassen und die angebratenen Haxen wieder einlegen, Lorbeer und Rosmarin zufügen.

3 Die Lammhaxen anschließend bei 180 °C im vorgeheizten Ofen offen in etwa 1 ½ Stunden saftig und zart schmoren. Den Bräter auf den Herd stellen, die Haxen herausnehmen und auf einer vorgewärmten Platte mit locker aufgelegter Alufolie warm halten.

4 Die Sauce mit Kartoffeln und Gemüse auf die gewünschte Konsistenz reduzieren. Die Haxen mittig auf vorgewärmten Tellern anrichten und mit dem Gemüse, den Kartoffeln und der Sauce servieren.

Tipp Diese Art der Zubereitung eignet sich für alle Schmorgerichte von Lamm und Zicklein.

Wenn Sie Zicklein-Haxen bekommen, greifen Sie zu! Sie benötigen dann 2 Stück pro Person, die Garzeit verkürzt sich um etwa 30 Minuten.

Kleine Schnitzel aus der Lammkeule mit Tomaten-Sugo

6 Roma-Tomaten
2 Schalotten
1 Knoblauchzehe
130 ml Olivenöl
Salz
frisch gemahlener Pfeffer
1 TL Zucker
600 g Schnitzel aus der Lammoberschale
Mehl zum Wenden
2 Eier
1 TL gehackte Rosmarinnadeln
2 EL geschnittene Petersilie

1 Für den Sugo die Tomaten vom Stielansatz befreien, oben kreuzweise einritzen, mit kochendem Wasser kurz überbrühen, in kaltem Wasser abschrecken, häuten, vierteln und die Kerne entfernen. Das Tomatenfruchtfleisch in etwa 2 cm große Stücke schneiden. Die Schalotten schälen und fein würfeln, die Knoblauchzehe schälen und halbieren.

2 In einem kleinen Topf 100 ml Olivenöl erhitzen, Schalotten und Knoblauchzehe darin kurz anschwitzen. Die Tomaten zufügen und alles 4 bis 5 Minuten bei geringer Hitze köcheln lassen, dann mit Salz, Pfeffer und Zucker würzen und beiseite stellen.

3 Die Schnitzel salzen, pfeffern und leicht in Mehl wenden, überschüssiges Mehl abklopfen. Die Eier verquirlen und den gehackten Rosmarin unterrühren. In einer Pfanne die restlichen 3 EL Olivenöl erhitzen, die Schnitzel in verquirltem Ei wenden und von beiden Seiten goldgelb braten. Das Fleisch sollte innen noch rosa sein.

4 Den Tomaten-Sugo nochmals erwärmen, die Petersilie unterrühren und die gebratenen Schnitzel mit der Sauce anrichten.

Tipp Ein Löffel Basilikum-Pesto oder Gremolata (Würzmischung aus fein gehacktem Knoblauch, Petersilie, abgeriebener Zitronen- und Orangenschale sowie Olivenöl) würde ebenfalls sehr gut dazu passen.

Zickleinleber mit Salbei, im Netz rosa gebraten

1 Das Schweinenetz kalt wässern. Den Salbei waschen, die Blättchen von den Stielen zupfen und grob schneiden. Die Leber von Häuten und Sehnen befreien und mit Salbei bestreuen. In einer großen Pfanne die Butter erhitzen und die Leber darin bei mittlerer Hitze ringsum sanft anbraten. Aus der Pfanne nehmen und die Zickleinleber abkühlen lassen, das Bratfett nicht wegschütten.

2 Das Schweinenetz aus den Wasser nehmen, gut ausdrücken und auf der Arbeitsfläche ausbreiten. Die Leber mit dem Salbei auflegen, pfeffern und in das Schweinenetz einschlagen, überstehende Ränder abschneiden, den Rest nach unten einschlagen.

3 Die Leber auf ein geöltes Backblech setzen, die Oberfläche der Leber im Schweinenetz ebenfalls leicht mit Olivenöl bepinseln und mit dem Bratfett aus der Pfanne übergießen. Die Leber dann bei 200 °C im vorgeheizten Ofen in 20 bis 25 Minuten rosa braten (60 °C Kerntemperatur). Das Blech aus dem Ofen nehmen und die Leber noch 2 bis 3 Minuten ruhen lassen. Anschließend schräg in dünne Scheiben aufschneiden und die Zickleinleber mit einer Prise Fleur de Sel bestreut servieren.

Tipp Hervorragend zu mediterranen Gemüsezubereitungen und zu Salaten.

300 g Schweinenetz (beim Metzger vorbestellen)
1 Bund Salbei
1 ganze Zickleinleber, sauber geputzt
2 EL Butter
frisch gemahlener Pfeffer
Olivenöl zum Bestreichen
Fleur de Sel

Grundrezepte
Zubereitungsarten
Rezept-Register

Fond de veau (Kalbsfond)

Olivenöl zum Braten
3 kg Kalbsknochen von der Brust, vom Metzger in nussgroße Stücke gehackt
1 Karotte
1 kleine Knolle Sellerie
4 Zwiebeln
450 g geschälte Tomaten mit Saft (aus dem Glas)
3 EL Salz
1 kg Kalbsfüße, in Scheiben gesägt
1 frisches Lorbeerblatt
1 TL schwarze Pfefferkörner
2 Knoblauchzehen

1 In einem schweren Bräter etwas Öl erhitzen und die gehackten Kalbsknochen darin scharf anbraten. Die Knochen anschließend bei 200 ºC im vorgeheizten Ofen etwa 1 Stunde rösten. Karotte und Sellerie waschen und in etwa 1 cm große Würfel schneiden. Die ungeschälten Zwiebeln ebenfalls würfeln. Nach etwa ½ Stunde das geschnittene Gemüse in den Bräter geben und mitrösten. Sobald Knochen und Gemüse eine dunkelbraune Farbe angenommen haben, die geschälten Tomaten zufügen, alles weiter rösten, bis erneut eine dunkelbraune Farbe erreicht ist. Mit ¼ l kaltem Wasser ablöschen, mit einem Holzspatel den Bratensatz vom Boden lösen und die Flüssigkeit reduzieren, bis sich wieder Bratensatz am Topfboden ansetzt. Diesen Vorgang noch 2-mal wiederholen.

2 Den Bräter aus dem Ofen nehmen und auf den Herd stellen. Den Bratensatz mit 4 bis 5 l kaltem Wasser auffüllen, das Salz zugeben und alles aufkochen. Die Kalbsfüße einlegen und den Fond unter regelmäßigem Abschäumen weiter köcheln lassen. Die Kochzeit beträgt insgesamt etwa 6 Stunden. Nach 4 Stunden Lorbeer, Pfefferkörner und die ungeschälten, mit dem Handballen angedrückten Knoblauchzehen zufügen und mitgaren. Am Schluss sollten etwa 3 l Fond übrig bleiben, darum während der Kochzeit eventuell noch einmal Wasser nachfüllen. Den Fond durch ein mit einem Küchentuch ausgelegtes Sieb in einen passenden Topf passieren und nochmals um etwa ein Drittel auf die gewünschte Konsistenz reduzieren.

Tipp Auf die gleiche Weise kann auch ein Rinderfond hergestellt werden!

Kalbsfond ist eine gute Basis für Saucen zu „à la minute"-Gerichten aus der Pfanne von Schwein, Rind und Kalb, aber auch Gemüse.

Der Fond hält sich in verschlossenen Gläsern gut gekühlt bis zu 7 Tagen. Er kann aber auch portionsweise eingefroren werden.

Die Kalbsfußscheiben nach dem Kochen aus dem Sud nehmen und das Fleisch ablösen, panieren und in einer Pfanne goldgelb ausbacken. Dazu Rucola oder Feldsalat … Hmmm!

Kräftige Rinderbrühe

1 In einem großen Topf etwa 5 l Wasser zum Kochen bringen. Die Rinderknochen darin unter regelmäßigem Abschäumen 10 Minuten kochen, damit die Trübstoffe gelöst werden. Die Knochen in ein Sieb schütten, abspülen und erneut mit 5 l kaltem Wasser und etwas Salz aufsetzen. Die Parüren zufügen, das Wasser aufkochen lassen und wiederum regelmäßig abschäumen.

2 Die Zwiebel mit der Schale quer halbieren. In einer Eisenpfanne ohne Fettzugabe mit den Schnittflächen nach unten bei mäßiger Hitze dunkel werden lassen und die Hälften in den Suppentopf geben. Die Suppe 4 bis 5 Stunden bei geringer Hitze offen köcheln lassen.

3 Währenddessen das Gemüse waschen, den Lauch putzen, Karotten, Sellerie und Petersilienwurzel schälen und das Gemüse in größere Stücke schneiden. Den Ingwer mitsamt der Schale klein schneiden. Nach der Hälfte der Garzeit das Gemüse mit dem Ingwer, Kümmel, Pfefferkörnern, Chili und der halbierten Tomate in die Brühe geben. Die fertige Rinderbrühe durch ein mit einem Küchentuch ausgelegtes Sieb passieren.

Tipp Wenn Sie noch ein paar übrig gebliebene Stängel Petersilie oder andere Kräuter haben, legen Sie diese in das Küchentuch, bevor Sie die Brühe durchpassieren.

Eine kräftige Brühe sollte immer in reichlicher Menge gekocht werden. Die Qualität und Kraft wird einfach besser.

In gut verschließbaren Gläsern hält sich die Rinderbrühe im Kühlschrank mindestens 5 Tage. Sie kann auch portionsweise eingefroren werden.

3 kg Rindfleischknochen vom Hals

Salz

500 g Rindfleisch-Sehnen und Parüren (gibt's beim Metzger umsonst)

1 Zwiebel

1 Stange Lauch

2 Karotten

1 Knolle Sellerie

1 Petersilienwurzel

1 kleines Stück frischer Ingwer

1/2 TL Kümmel

1/2 TL schwarze Pfefferkörner

1 Chilischote

1 Tomate, halbiert

Brauner Schweinefond

Olivenöl zum Braten
3 kg Schweineknochen,
vom Metzger in
nussgroße Stücke gehackt
1 Karotte
1 kleine Knolle Sellerie
4 Zwiebeln
450 g geschälte Tomaten
mit Saft (aus dem Glas)
3 EL Salz
1 ½ kg Schweinefüße,
in 2 cm dicken Scheiben
1 frisches Lorbeerblatt
1 TL schwarze Pfefferkörner
2 Knoblauchzehen

1 In einem schweren Bräter etwas Öl erhitzen und die gehackten Schweineknochen darin scharf anbraten. Die Knochen anschließend bei 200 °C im vorgeheizten Backofen etwa 1 Stunde rösten. Karotte und Sellerie waschen und in etwa 1 cm große Würfel schneiden. Die ungeschälten Zwiebeln ebenfalls würfeln. Nach etwa ½ Stunde das geschnittene Gemüse in den Bräter geben und mitrösten. Sobald Knochen und Gemüse eine dunkelbraune Farbe angenommen haben, die geschälten Tomaten zufügen und alles weiter rösten, bis erneut eine dunkelbraune Farbe erreicht ist. Mit ¼ l kaltem Wasser ablöschen, mit einem Holzspatel den Bratensatz vom Boden lösen, dann die Flüssigkeit reduzieren, bis sich wieder Bratensatz am Topfboden ansetzt. Diesen Vorgang noch 2-mal wiederholen.

2 Den Bräter aus dem Ofen nehmen und auf den Herd stellen. Den Bratensatz mit 4 bis 5 l kaltem Wasser auffüllen, das Salz zugeben und alles aufkochen. Die Schweinsfüße einlegen und alles unter regelmäßigem Abschäumen weiter köcheln lassen. Die Kochzeit beträgt insgesamt etwa 6 Stunden. Nach 4 Stunden Lorbeer, Pfefferkörner und die ungeschälten, mit dem Handballen angedrückten Knoblauchzehen zufügen und mitgaren. Am Schluss sollten etwa 3 l Fond übrig bleiben, darum während der Kochzeit eventuell noch einmal Wasser nachfüllen.

3 Den Fond durch ein mit einem Küchentuch ausgelegtes Sieb in einen entsprechend großen Topf passieren und erneut um etwa ein Drittel auf die gewünschte Konsistenz reduzieren.

Tipp Der Fond hält sich in verschlossenen Gläsern im Kühlschrank bis zu 7 Tagen. Er kann auch portionsweise eingefroren werden.

Die Schweinefuß-Scheiben nach dem Kochen aus dem Fond nehmen und abkühlen lassen. Anschließend die Knochen herausdrücken und die Hohlräume mit einer Semmel- oder Brezenknödelmasse füllen. Die Scheiben in gewässertes und gut ausgedrücktes Schweinenetz einwickeln und bei 180 °C im vorgeheizten Backofen in 15 bis 20 Minuten hellbraun braten.

Kochen, dünsten, schmoren oder braten?

Nicht jedes Fleischstück eignet sich für alle Garmethoden. Hier finden Sie eine Aufstellung der Stücke von Kalb, Rind, Schwein, Lamm und Zicklein mit Angabe der jeweils besten Zubereitungsart und Verwendung.

Kalbfleisch

Backen kochen, schmoren, confieren, kurz braten
Bries kochen, dünsten, braten
Brust Ragout, zum Füllen, schmoren
Filet Medaillons, Schnitzel, im Ganzen braten
Hals Braten, Ragout, Gulasch, poelieren, braten
Haxe kochen, schmoren, poelieren, Ragout, Gulasch, Blankett
Herz schmoren, Geschnetzeltes, kochen
Hüfte Schnitzel, Steaks, dämpfen, Rouladen (kurz braten)
Kopf kochen, gekocht panieren und backen
Kronfleisch kochen
Kutteln kochen, schmoren
Leber kurz baten, Geschnetzeltes, Füllungen, Nockerl
Lunge kochen
Nieren kurz braten, im Ganzen braten, Geschnetzeltes
Nuss Rouladen (kurz braten), Geschnetzeltes, Tartar, Schnitzel
Oberschale Schnitzel, Rouladen (schmoren und kurz braten), Tartar, Minutensteaks
Rücken im Ganzen braten, kalter Braten, kurz braten, dämpfen, roh marinieren
Schulter Ragout, Gulasch, im Ganzen braten, Blankett
Schwanz kochen, schmoren
Schwanzrolle Schnitzel, Braten
Unterschale kochen, Braten, Schnitzel, Blankett
Zunge kochen, schmoren

Rindfleisch

Backe kochen, schmoren, Gulasch
Brust kochen, kalt marinieren
Filet in Scheiben kurz braten, am Stück braten, dämpfen
Flache Rippe kochen, schmoren, das Herzstück kurz braten
Hals Gulasch, schmoren
Hüfte kurz braten, am Stück braten, dämpfen
Kotelett am Stück rosa braten (Côte de boeuf)
Kronfleisch kochen, schmoren, kurz braten
Kutteln kochen, schmoren

Leber kurz braten, Klößchen

Lende Braten, Minutensteaks, am Stück rosa
braten, dämpfen

Nuss Rouladen (schmoren)

Oberschale Rouladen (schmoren), Tartar

Ribeye Minutensteaks, am Stück rosa braten

Schulter kochen, schmoren, Sauerbraten, Gulasch

Schwanz kochen, schmoren

Schwanzrolle Tartar, gespickt schmoren

Tafelspitz kochen, schmoren, Sauerbraten

Unterschale Rouladen (schmoren), Tartar

Wade kochen, schmoren, Gulasch

Zunge kochen, schmoren

Schweinefleisch

Backen kurz braten, kochen, schmoren,
confieren, Gulasch

Bauch Braten, kochen, grillen

Brust füllen, schmoren, Braten

Filet Medaillon, Schnitzel, im Ganzen braten

Hals kurz braten, grillen, schmoren, Braten,
Ragout, Gulasch

Haxe kochen, Braten, Gulasch

Karree im Ganzen braten

Kopf kochen, Sülze

Kotelett kurz braten, paniert backen

Kronfleisch (Zwerchfell) kochen

Leber Klößchen

Nuss Schnitzel, Geschnetzeltes

Oberschale Schnitzel, Rouladen (schmoren)

Rücken Braten, Steaks

Schulter Braten, kochen, schmoren

Schwanzrolle Schnitzel, Braten

Unterschale Schnitzel, Braten

Lamm- und Zickleinfleisch

Bries kurz braten

Brust füllen und schmoren, schmoren

Filet kurz braten

Hals schmoren, Ragout, Blankett

Haxe schmoren, kochen

Karree kurz braten, im Ganzen braten

Keule Medaillons kurz braten, im Ganzen braten

Koteletts kurz braten

Kutteln schmoren

Leber braten

Rücken kurz braten

Schulter schmoren, kochen, Braten

Rezept-Register

Wenn nichts anderes angegeben ist, sind die Rezepte immer für 4 Personen berechnet.

Grundrezepte

Thomas Thielemann, Jahrgang 1964, besuchte die Steigenberger Hotelfachschule in Bad Reichenhall und absolvierte eine Kochlehre in Frankfurt im Frankfurter Hof. Er kochte in Hotels in Osaka und Tokio, arbeitete als Sous-Chef bei Karl Ederer im Münchner „Glockenbach" und als Küchenchef in Horbruch in der „Historischen Schlossmühle".

1993 machte sich Thomas Thielemann schließlich mit dem „Wirtshaus zum Herrmannsdorfer Schweinsbräu" in Glonn selbstständig. Hier kann er seinen lang gehegten Wunsch verwirklichen, seinen Gästen eine saisonal geprägte und die Vorzüge der Region widerspiegelnde Küche mit Produkten höchster Qualität aus ökologischem Anbau anzubieten.

Alle in diesem Buch enthaltenen Informationen und Rezepte wurden von den Autoren und dem Verlag sorgfältig erarbeitet und überprüft. Eine Haftung kann jedoch nicht übernommen werden.

Anregungen und Hinweise sind jederzeit willkommen: info@seehamer. de oder Postfach 61, D-83629 Weyarn Besuchen Sie uns auch im Internet: www.seehamer.de

© 2008 Seehamer Verlag GmbH, Weyarn
Alle Rechte vorbehalten
Rezepte: Thomas Thielemann, Wirtshaus zum
Herrmannsdorfer Schweinsbräu, Glonn
Konzeption, Redaktion, Gestaltung
und Satz: Bine Cordes, Weyarn
Lektorat: Katrin Wittmann, w & w, Füssen
Abbildungen auf Seite 67: Karin Kneffel,
Detail einer 25-teiligen Arbeit, 1994/95,
je 30 x 30 cm, Öl auf Leinwand
Fotos: Titelbild sowie alle weiteren Rezeptfotos
Eising FoodPhotography/Martina Görlach, München;
alle übrigen Fotos Seehamer Verlag
Foodstyling: Eising FoodPhotography/Michael Koch,
München
Lithographie: MMintec, Miesbach
Druck und Bindung: L.E.G.O., Vicenza, Italia
ISBN 978-3-940851-00-0

Thomas Thielemann

Weitere Rezepte aus meiner Bio-Küche finden Sie in diesen beiden Büchern:

Jeder Band 80 Seiten, mit zahlreichen Abbildungen.

Geflügel: ISBN 978-3-940851-01-7
Gemüse: ISBN 978-3-940851-02-4